여행필수
미얀마어 회화

최재현 (부산외국어대학교 교수)

문예림

최재현

한국외국어대학교 태국어과 졸업
일본 오오사카외국어대학 대학원 버마어과 졸업
미얀마 양공외국어대학 미얀마어과 수학
현재 부산외국어대학교 미얀마어과 조교수

여행필수 미얀마어 회화

인쇄 2002년 8월 13일 / 발행 2002년 8월 20일 / 지은이 최재현 /
펴낸이 서덕일 / 펴낸곳 도서출판 문예림 / 등록번호 1962. 7. 12.
제 2-110호 / 주소 서울 광진구 군자동 195-21호 문예빌딩 201호 /
Phone. 499-1281~2 Fax. 499-1283

- 잘못 만들어진 책은 본사나 구입하신 서점에서 교환하여 드립니다.
- 이 책은 저작권법에 의해 보호를 받는 저작물이므로 무단전재와 무단복재를 금합니다.

ISBN 89-7482-207-5 13790

여행필수 미얀마어 회화

최재현 (부산외국어대학교 교수)

머리말

세계화·개방화의 인터넷 시대에 해외 여행이 붐을 이루고 있는 것은 당연한 일이다. 세계인들이 지구촌의 한 가족으로서 그 어느 때보다도 친밀하게 된 것이다. 이러한 시대에 지구촌의 여러 곳을 방문하여 그곳의 새로운 생활과 풍습과 문화를 접한다는 것은 실로 즐겁고 기쁜 일이 아닐 수 없다. 이때 여행하는 나라의 언어를 기본적인 회화만이라도 이해하고 습득하고 있으면 그때의 그 여행은 훨씬 유익하고 산 경험이 될 것이다.

최근 동남 아시아의 해외 여행이 급속히 증가됨에 따라 미얀마의 해외 여행도 매년 증가 추세에 있다. 특히, 미얀마는 불교 성지 순례로서 이전에는 주로 불교도들이 즐겨 찾았었지만, 요즈음에는 미얀마의 아직 개발되지 않은 순수한 자연미와 미얀마인들의 때묻지 않은 순박미에 이끌린 여행객들도 늘어나고 있다.

이 책은 미얀마를 방문하거나 여행하는 사람들을 위하여 의사 소통면에서 다소나마 도움이 되도록 제작된 회화 책자이다. 아무쪼록 이 책이 미얀마 해외 여행자들과 미얀마어에 관심이 있어 배우고자 하는 사람들에게 없어서는 안 될 꼭 필요한 지침서가 되었으면 하는 바람이다.

2002. 3
부산 우암골에서 저자

차 례

머리말	4
이 책의 특징과 사용법	10
미얀마어의 발음과 특징	11
일상 회화	18
여행	58
숙박	73
식사	89
구경	107
쇼핑	120
통신	140
의료	147
환전	158
관광 및 레저	161
사고	182
부록	187

이 책의 특징과 사용법

- 이 책은 미얀마 여행할 때 미얀마어 문자를 모르고서도 누구든지 미얀마어로 의사 소통이 가능하도록 여행에서 자주 사용되는 간결하고 간단한 문장들을 모아 원음에 가깝게 그 발음을 한국어로 표기하였다.

- 현지인의 음성을 녹음한 카세트 테이프로 혼자서라도 미얀마어의 정확한 발음과 성조를 익힐 수 있도록 하였다.

- 본문 내용의 상단에 미얀마 생활, 풍습, 문화 등에 관한 내용을 수록하여 미얀마 여행자들에게 미얀마 지역 사정을 쉽게 익힐 수 있도록 하였다.

- 필요에 따라 용도에 맞는 어휘를 찾아볼 수 있도록 회화에 자주 사용되는 기본 용어를 수록한 부록란을 마련하였다.

- 성조 표시는 한국어 발음 위에 1성은 \, 2성은 _, 3성은 /, 성문 폐쇄음은 +로 각각 표시하였다.

미얀마어의 발음과 특징

미얀마어는 언어 계통으로 볼 때 차이나-티벳 어족(Sino-Tibetan)의 티벳-버마어계(Tibeto-Burman)에 속하며, 언어 사용자가 5천만 명을 훨씬 넘는 이 언어계의 대표적인 언어에 속한다. 성조(tone)를 가지고 있는 점이나, 어휘의 대부분이 단음절이라는 점은 차이나-티벳 어족의 언어에서 흔히 볼 수 있는 공통점으로 간주할 수 있다.

1. 기본 문자

미얀마 문자에는 기본 문자가 33개 있다. 이들 문자는 문자 자체 그대로 발음하는 경우에는 다음과 같이 모두 모음 a를 동반한다.

က ka.	ခ kha.	ဂ ga.	ဃ ga.	င nga.
စ sa.	ဆ hsa.	ဇ za.	ဈ za.	ည nya.
ဋ ta.	ဌ hta.	ဍ da.	ဎ da.	ဏ na.
တ ta.	ထ hta.	ဒ da.	ဓ da.	န na.
ပ pa.	ဖ hpa.	ဗ ba.	ဘ ba.	မ ma.
	ယ ya.	ရ ya.	လ la.	ဝ wa.
	သ tha.	ဟ ha.	ဠ la.	
		အ a.		

위에서 제1단의 5문자는 연구개음, 제2단의 5문자는 마찰음, 제3단과 제4단은 치경음, 제5단은 양순음, 제6단과 제7단은 반모음, 측면음, 치간음, 성문음, 그리고 제8단은 모음을 각각 나타낸다. 또한, 제5단까지 종(縱)으로 보았을 때, 제일 좌측의 문자는 무성무기음, 좌에서 제2열은 무성유기음, 제3열과 제4열은 유성음, 그리고 제일 우측의 문자는 비음을 각각 나타낸다.

2. 복합 문자

기본 문자에 특정의 부호를 첨가하여 만든다. 부호에는 ya.pin., ya.yi?, ha. htou:, wa.hswe: 이렇게 4종류가 있다.

(1) ya.pin., ya.yi?

부호(구개화 부호)가 기본 문자표의 제1단(연구개음)의 문자에 첨가되면 파찰음이 된다.

① ya.pin. 부호가 첨가되는 경우

ကျ kya.   ချ cha.   ဂျ ja.

② ya.yi? 부호가 첨가되는 경우

ကြ kya.   ခြ cha.   ဂြ ja.   ငြ nya.

(2) ya.pin., ya.yi?

미얀마어의 발음과 특징 **13**

부호가 기본 문자표의 제 5단(양순음)의문자에 첨가되면 양순음이 다음과 같이 구개화된다.

① ya.pin. 부호가 첨가되는 경우

ပျ pya.   ဖျ hpya.   ဗျ bya.   မျ mya.

② ya.yi? 부호가 첨가되는 경우

ပြ pya.   ဖြ hpya.   ဗြ bya.   မြ mya.

(3) ha.htou:

부호(무성화 부호)는 기본 문자표 제일 우측의 비음과 제 6단과 7단 중 아래의 5문자와 결합하여 다음과 같이 발음된다.

① 비음과 결합하는 경우

ငှ hnga.   ညှ hnya.   နှ hna.   မှ hma.

비음이 무성화된다.

② 제 6단과 7단의 문자와 결합하는 경우

ယှ sha.   ရှ sha.   လျှ sha.   လှ hla.
ဝှ hwa.

앞의 3문자는 경구개 마찰음을 나타내고, 나머지 2문자는 마찰화된 측면음과 무성화된 반모음을 각각 나타낸다.

(4) *wa.hswe:*

부호(순음화 부호)는 약간의 예외를 제외하고는 기본 문자와 복합 문자 모두와 결합할 수 있다. 그 결합과 발음은 다음과 같다.

ကွ kwa.		ခွ khwa.		ဂွ gwa.		ငွ ngwa.	
စွ swa.		ဆွ hswa.		ဇွ zwa.		ညွ nywa.	
တွ twa.		ထွ htwa.		ဒွ dwa.		ဓွ dwa.	နွ nwa.
ပွ pwa.		ဖွ hpwa.		ဗွ bwa.		ဘွ bwa.	မွ mwa.
ယွ ywa.		ရွ ywa.		လွ lwa.		သွ thwa.	ဟွ hwa.
ကျွ kywa.		ကြွ kywa.		ချွ chwa.		ခြွ chwa.	ဂျွ jwa.
နွှ hnwa.		မွှ hmwa.		ရွှ shwa.		လွှ hlwa.	

3. 모음과 성조

모음에는 단모음과 이중 모음이 있다. 단모음은 7개인데, 그 어느 것도 초성, 중성, 종성의 위치에 올 수 있다. 그리고 이들 모음에는 제 1성인 하강형(下降型), 제 2성인 저평형(低平型), 제 3성인 고평형(高平型)으로 구별되는 3개의 성조가 있다. 이것을 အ라는 문자를 예로 들어 나타내면 다음과 같다.

하강형		저평형		고평형	
အ	a.	အာ	a	အား	a:
အိ	i.	အိ	i	အိး	i:
အု	u.	အု	u	အုး	u:
ေအ့	ei.	ေအ	ei	ေအး	ei:
အဲ့	e.	အယ်	e	အဲ	e:
ေအာ့	o.	ေအာ်	o	ေအာ	o:
အို့	ou.	အို	ou	အိုး	ou:

이상의 단모음 가운데, a와 i는 한국어의 '아'와 '이'에 해당하지만, u는 한국어의 '우'보다 훨씬 입술이 둥글게 된다. ei는 한국어의 '에'에 해당하고, e는 한국어의 '애'에 해당한다. 그리고 o는 입모양이 큰 한국어의 '오'의 발음이고, ou는 입모양이 작은 '오'의 발음이다.

3개의 성조를 서로 비교해 보면, 제1성인 하강형은 높고 짧게 발음되고, 급속히 하강하는 동시에 성문의 긴장을 동반한다. 제2성인 저평형은 낮고 길게 높낮이가 거의 없이 발음되고, 제3성인 고평형은 높고 길게 발음된다.

4. 폐음절의 발음

미얀마어에서의 폐음절은 모음으로 끝나는 개음절과는 뚜렷이 구별되는 것으로서 자음으로 끝나는 음절을 말한다. 폐음절 단어의 초성에는 기본 문자와 복합 문자의 자음이 오고, 중성에는 단모음과 이중 모음이 온다. 그리고 종성에는 성문폐쇄음과 비음의 자음이 온다. 폐음절의 결합과 발음과의 관계는 다음과 같다.

	က်	င်	စ်	ည်	တ်	ပ်	န်	မ်(ံ)
အ	အက် e?	အင် in	အစ် i?	အည် i, ei, e	အတ် a?	အပ် a?	အန် an	အမ်(အံ) an(an)
အိ					အိတ် ei?	အိပ် ei?	အိန် ein	အိမ် ein
အု					အုတ် ou?	အုပ် ou?	အုန် oun	အုံ oun
အော	အောက် au?							
		အောင် aun						
အို	အိုက် ai?	အိုင် ain						
အွ					အွတ် u?	အွပ် u?	အွန် un	အွမ်(အွံ) un(un)

폐음절의 문자로서 종성에 올 수 있는 문자는 기본 문자표 제일 좌측의 4문자와 제일 우측의 4문자로 8문자뿐인데, 이들 문자에 atha? 부호를 붙임으로써 전자는 성문폐쇄, 후자는 비음이 형성된다. 종성이 성문폐쇄음으로 끝나는 경우에는 모음의

발음은 높고 지극히 짧게 발음한다는 특징이 있다. 그래서 이것을 독립하여 따로 고단형(高短型)인 제 4성이라고 말하는 학자도 있다. 한편, 종성이 비음으로 끝나는 경우에는 개음절의 경우와 마찬가지로 3개의 성조, 즉, 하강형, 저평형, 고평형으로 구별하여 각각 발음한다.

일상 회화

미얀마어의 기본 문형은 한국어와 마찬가지로 주어 + 목적어 + 술어의 어순으로 되어 있다. 이와 같이 어순이 한국어와 같기 때문에 한국인이 미얀마어를 배우는 일은 그다지 어렵지 않다. 문

네.
ဟုတ်ကဲ့။
호웃깨

아니오.
ဟင့်အင်း။
힝잉

그렇습니까?
ဟုတ်သလား။
호웃딸라

그렇습니다.
ဟုတ်ပါတယ်။
호웃빠대

그렇지 않습니까?
မဟုတ်ဘူးလား။
마호웃푸라

법에 있어서도 인칭·시제에 따라 동사의 어미 변화가 없고, 명사, 대명사도 수와 격에 따라 변하지 않아 별로 복잡하지 않다. 다만, 발음에 있어서 성조, 유성음, 무성음, 유기음, 무기음 등의 다소 까다로운 규칙이 있기 때문에, 이것만 주의해서 발음하면 영어 등 다른 서양어보다는 쉽게 배울 수 있다. 따라서, 기본적인 문형을 숙지하고 어휘를 많이 암기하여 이에 대입하면, 나름대로 의사 소통이 가능할 것으로 본다.

그렇지 않습니다.
မဟုတ်ပါဘူး။
마호웃빠부

안녕하세요?
မင်္ဂလာပါ။
밍갈라바

잘 지내십니까? (별일 없으십니까?)
နေကောင်းရဲ့လား။
네 까웅 예라

잘 지냅니다. (별일 없습니다.)
နေကောင်းပါတယ်။
네 까웅 바 대

당신은요?
ခင်ဗျားကော။
캬먀 고

미얀마어에서는 성에 따라 1인칭·2인칭 대명사가 구별된다. 다시 말하면, 남성 1인칭 대명사는 ကျွန်တော်(짜도)를 사용하고, 여성 1인칭 대명사는 ကျွန်မ(짜마)를 사용한다. 그리고 남성 2인칭 대명사는 ခင်ဗျား(카먀)를 사용하고, 여성 2인칭 대명사는 ရှင်(싱)을 사용한다. 그러나 3인칭 대명사는 남녀공히 သူ(뚜)

저도 잘 지냅니다. (저도 별일 없습니다.)
ကျွန်တော်လဲနေကောင်းပါတယ်။
짜도 래 네 까웅 바대

잘 지내십니까? (별일 없으십니까?)
မာရဲလား။
마예라

잘 지냅니다. (별일 없습니다.)
မာပါတယ်။
마바대

당신은요?
ရှင်ကော။
싱 고

저도 잘 지냅니다.(저도 별일 없습니다.)
ကျွန်မလဲမာပါတယ်။
짜마 래 마바대

를 사용한다. 미얀마에서는 '안녕하세요?'의 뜻을 갖는 '밍갈라 바' 라는 인사말이 있기는 하지만, 일반적으로 친한 사이끼리는 '어디에 가세요?' 나 '식사하셨어요?' 등의 의문문이 인사말로 널리 사용되고 있다. '밍갈라바' 라는 인사말은 본래는 학교에서 사용된 인사말이었으나, 현재는 일반 사회에서도 사용되고 있다.

어디 가세요?
ဘယ်သွားမလို့လဲ။
배 똬 말로래

일하러 가요.
အလုပ်သွားမလို့ပါ။
알로웁똬 말로바

내일 산보하러 갑시다.
မနက်ဖန်လမ်းလျှောက်သွားရအောင်။
마낵퐝 랑 샤욱 똬 야아웅

좋아요.
ကောင်းပါပြီ။
까웅 바비

식사하셨어요?
ထမင်းစားပြီးပြီလား။
타밍 싸 삐비라

미얀마에서는 위아래의 구분이 엄격하기 때문에 처음부터 고상한 언어를 익히는 것이 좋다. 의문문을 만들 때, 의문사가 있는 의문문인 경우에는 문장 끝에 의문 조사 လဲ(래)를 붙이고, 의문사가 없는 보통 의문문인 경우에는 문장 끝에 의문 조사 လား(라)를 붙인다.

식사했어요.
ထမင်းစားပြီးပါပြီ။
타밍 싸 삐바비

이것은 무엇이에요?
ဒါဘာလဲ။
다바래

이것은 책이에요.
ဒါစာအုပ်ပါ။
다싸오웁빠

저것은 꽃이에요?
ဟိုဟာပန်းလား။
호하 빵 라

저것은 꽃이 아니에요.
ဟိုဟာပန်းမဟုတ်ပါဘူး။
호하 빵 마호웃빠부

미얀마어에서는 문장 끝에 남자는 ခင်ဗျာ(카먀), 여자는 ရှင်(싱)을 붙이면 상대방을 높이는 아주 존대말이 된다. 처음부터 존대말을 사용하는 습관을 길러 놓으면 외국 생활에 있어서 현지인들에게 품위가 있어 보일 것이다. 존경을 표시할 때에는 문장 가운데 존경의 조동사 ပါ(빠)를 함께 사용한다.

정말이에요?
တကယ်လား။
다깨 라

정말이에요.
တကယ်ပါခင်ဗျာ။
다깨 바카먀

확신해요.
သေချာပါတယ်ရှင်။
떼 차 바대 싱

아마 그럴 거예요.
ဟုတ်ပါလိမ့်မယ်။
호웃빠레잉매

그렇다고 생각하지 않아요.
ဟုတ်မယ်မထင်ပါဘူး။
호웃매 마팅바부

파고다의 나라, 불교의 나라로 알려진 미얀마는 세계인들에게는 아직도 버마로 더욱 귀에 익은 나라이다. 우리에게는 1983년 아웅산 묘소 폭파 사건을 통하여 널리 알려지기도 하였는데, 1988년 미얀마 독립의 영웅 아웅산의 딸 쑤찌 여사가 주도했던 버마 민주 항쟁이 실패로 끝나자, 정권을 잡은 SLORC(State Law

일상회화

알았습니까?(이해했습니까?)
နားလည်သလား။
나 래 달라

알았습니다.(이해했습니다.)
နားလည်ပါတယ်။
나 래 바대

모르겠습니다.(이해하지 못했습니다.)
နားမလည်ပါဘူး။
나 말래 바부

그 사람을 압니까?
အဲဒီလူကိုသိပါသလား။
애디루고띠바달라

알아요.
သိပါတယ်။
띠바대

and Order Restoration Council)이라고 일컫는 신군부 정권인 국가 법질서 회복 위원회에 의하여 1989년 6월 버마 사회주의 연방 공화국(The Socialist Republic of the Union of Burma)에서 미얀마 연방(The Union of Myanmar)으로 국가의 공식 명칭이 바뀌었다.

몰라요.
မသိပါဘူး။
마띠바부

다시 한 번 말씀해 주세요.
ထပ်ပြောပါဦး။
탑 뾰 바오웅

다시 한 번 말씀해 주세요.
ပြန်ပြောပါဦး။
삐양 뾰바오웅

크게 말씀해 주세요.
ကျယ်ကျယ်ပြောပါ။
째 재 뾰 바

천천히 말씀해 주세요.
ဖြည်းဖြည်းပြောပါ။
폐 뻬 뾰 바

인도차이나 반도 서북부에 위치하고 있는 미얀마는 북쪽으로 중국, 북서쪽으로 인도와 방글라데시, 동쪽으로 라오스 및 태국과 국경을 접하고 있으며, 남쪽으로는 인도양에 속하는 벵갈만 및 마르타반만, 안다만해와 접하고 있다. 국토 면적은 약 68만㎢로 남북한을 합한 한반도의 3배가 넘고 있다. 미얀마의 인구는

일상회화

정확히 말씀해 주세요.
ဝိဝိပြောပါ။
삐비뽀바

만나서 매우 반갑습니다.
တွေ့ရတာသိပ်ဝမ်းသာပါတယ်။
뛔 야다 떼입 웡따바대

앉으세요.
ထိုင်ပါ။
타잉바

성함은 어떻게 되시죠?
နာမည်ဘယ်လိုခေါ်သလဲ။
나매 배로 코달래

저의 이름은 양아웅이라고 합니다.
ကျွန်တော့်နာမည်ရန်အောင်လို့ခေါ်ပါတယ်။
짜노 나매 양아웅 로 코바대

2000년 7월 통계에 의하면 약 5,100만 명으로 추산되고 있다. 전인구의 약 89%가 불교신자이고, 기독교(까잉족을 비롯한 소수민족), 회교가 각각 4%, 힌두교가 2%로 추산되고 있다. 수도는 과거에는 랭군으로 알려졌던 인구 약 400만 명 정도의 양공(Yangon)이며, 시차는 한국보다 2시간 30분 늦다.

당신은 누구세요?
ခင်ဗျားဘယ်သူလဲ။
카먀 배 두 래

저는 김이에요.
ကျွန်တော်ကင်မ်ပါ။
짜노 낌 바

미스터 이 계세요?
မစ္စတာလီရှိပါသလား။
밋 싸따리시 바 달라

안 계세요.
မရှိပါဘူး။
마시 바 부

잠깐만 기다리세요.
ခကစောင့်ပါဦး။
카 나 싸웅 바 오 웅

미얀마는 열대 및 아열대 기후대에 위치하고 있어 전반적으로 고온다습하다. 1년을 3계절로 구분하는데, 3월부터 6월까지는 여름이고, 7월부터 10월까지는 우기이며, 11월부터 2월까지는 겨울이다. 겨울이라고 하지만 한국의 겨울과는 대단한 차이가 있는 것으로, 여름에 비해서 다소 온도가 낮아 이렇게 부르는 것

좀 기다리실 수 있어요?
တစ်ဆိတ်လောက်စောင့်နိုင်မလား။
따세잇 라욱 싸웅 나잉 말라

네, 기다릴게요.
ဟုတ်ကဲ့၊ စောင့်ပါမယ်။
호웃깨 싸웅 바매

우먀떼잉 선생님께 안부 전해 주세요.
ဆရာဦးမြသိန်းကိုသတိရကြောင်းနှုတ်ဆက်လိုက်ပါ။
사야우먀떼잉고 다디야 자웅 흐노웃색 라익빠

오늘 건강이 조금 좋지 않아요.
ဒီနေ့နည်းနည်းနေမကောင်းပါဘူး။
디네 내내 네마까웅 바부

그렇다면, 건강에 주의하세요.
ဒါဖြင့်ကျန်းမာရေးဂရုစိုက်ပါနော်။
다핑 짱마예 가유싸익빠노

이다. 미얀마의 고대 시대는 다른 민족과 마찬가지로 부족 국가 형태를 이루고 있었는데, 티벳 방면에서 티벳 및 버마어를 사용하는 여러 부족들이 남하하여 1044년까지 할거하고 있었다. 여러 민족의 할거 상태를 통일하여 최초의 버마 왕조를 건립한 사람이 바로 아노야타(Anoyahta : 1044-1077)왕이었다.

곧 회복될 거예요.
မကြာခင်သက်သာလာပါလိမ့်မယ်။
마짜깅 땍따 라바레잉매

감사합니다.
ကျေးဇူးတင်ပါတယ်။
쩨 주 띵 바대

대단히 감사합니다.
ကျေးဇူးအများကြီးတင်ပါတယ်။
쩨 주 아먀지 띵 바대

천만의 말씀입니다.
ကိစ္စမရှိပါဘူး။
께잇싸마시바부

폐를 끼쳐서 송구스럽습니다.
အနှောင့်အယှက်ပေးမိတာအားနာပါတယ်။
아흐나웅아시액뻬미다 아나바대

아노야타왕은 몽족을 정복하고 미얀마 중부에서 1056년에 바강 왕국을 창건하였던 것이다. 바강 왕조는 1084년부터 1167년까지 약 80여 년간 황금 시대를 구가하였으나, 1287년에 원나라(몽고)에게 망하였다. 그 후 미얀마는 삥야 왕조, 잉와 왕조, 따웅우 왕조, 냐웅양 왕조, 그리고 마지막 왕조인 꼬웅바웅 왕조를 거쳐

일상회화

괜찮습니다.
ရပါတယ်။
야바대

늦어서 죄송합니다.
နောက်ကျတာဝမ်းနည်းပါတယ်။
나욱 쨔다 웡 내 바대

용서해 주세요.
ခွင့်လွှတ်ပါ။
크윙흘룻빠

정말 유감이에요.
တကယ်ဝမ်းနည်းပါတယ်။
다개 웡 내 바대

환영합니다.
ကြိုဆိုပါတယ်။
쪼소 바대

1885년부터 1948년까지 영국 식민지 시대를 겪었다. 영국으로부터의 독립 후, 첫번째 수상으로 우누가 취임하였다. 우누 수상은 1962년 네윙의 쿠데타에 의해 권좌에서 물러날 때까지 거의 10여 년간을 재임하면서 신생국으로서의 기반을 잡기 위해 노력하였으나, 지도력의 결핍으로 집권 내내 많은 어려움을 겪었다.

이리 오세요.
ဒီကိုကြွပါ။
디고 쫘바

당신은 매우 상냥하시군요.
ခင်ဗျားသိပ်ဖော်ရွှေတာပဲ။
캬먀 떼입포유에다배

당신의 호의에 감사를 드립니다.
ခင်ဗျားရဲ့စေတနာကိုလေးစားပါတယ်။
캬먀 얘 쎄다나고 레 차 바대

축하합니다.
ဂုဏ်ယူပါတယ်။
고웅유바대

고마워요.
ကျေးဇူးပါပဲ။
쩨 주바배

1962년 3월 네윈이 거느리는 버마군은 쿠데타를 일으켜 우누 정권을 타도하고 혁명 위원회를 구성하여 정권을 장악하였다. 그 후 군에 의하여 조직된 버마 사회주의 계획당(BSPP : Burmese Socialist Program Party)이 유일한 합법 정당으로서 버마에 군림하고, 1988년 반(反)네윈 버마 민주 항쟁이 일어날 때까지 버

일상회화

나이는 몇이에요?
အသက်အရွယ်ဘယ်လောက်လဲ။
아땍아유애 발라욱래

저의 나이는 23살이에요.
ကျွန်တော့်အသက်နှစ်ဆယ့်သုံးနှစ်ရှိပါပြီ။
짜노 아땍 흐나새또웅흐닛시바비

무슨 일이에요?
ဘာဖြစ်တာလဲ။
바 핏 따 래

아무 것도 아니예요.
ဘာမှမဖြစ်ပါဘူး။
바흐마마핏빠부

영어 할 수 있어요?
အင်္ဂလိပ်လိုပြောတတ်သလား။
잉가레입로 뾰닷 딸라

마식 사회주의(Burmese Way to Socialism)를 국가의 정치 이념으로 하는 정치 체제가 유지되었다. 버마 민주 항쟁은 1988년 3월 양공 대학 학생 소요를 출발점으로 시작되었다. 그 후 학생을 중심으로 했던 네윙 체제의 버마식 사회주의에 대한 분노는 6월부터는 공무원 및 일반 시민에까지 확산되어 전국민적 민주화

뭐라고요?
ဘာပြောတာလဲ။
바 뾰 다 래

그렇게 빨리 말하지 마세요.
ဒီလောက်မြန်မြန်မပြောပါနဲ့။
디라욱 먕먕 마뾰바내

영어로 말하지 마세요.
အင်္ဂလိပ်လိုမပြောပါနဲ့။
잉가레입로마뾰바내

저에게 미얀마어로 말하세요.
ကျွန်တော့်ကိုမြန်မာလိုပြောပါ။
짜노 고 미얀마로 뾰바

일본어를 조금 할 수 있어요.
ဂျပန်လိုနည်းနည်းပြောတတ်ပါတယ်။
자빤로 내 내 뾰 닷 빠대

운동으로 변모하게 되었다. 이 항쟁 때 자유의 화신으로 혜성처럼 등장했던 아웅산 쑤찌 여사는 아웅산 묘소 폭파 사건을 통해서 우리에게 널리 알려졌던, 미얀마인들에게는 거의 신화적 존재이자 영웅으로 추앙되고 있는 독립 투사 고 아웅산 장군의 딸로서, 미얀마의 자유를 위하여 피나는 노력을 기울인 인물이다.

일상회화

한국어를 잘 할 수 있어요.
ကိုရီးယားလိုကောင်းကောင်းပြောတတ်ပါတယ်။
꼬리야로 까웅 가웅 뾰 닷 빠대

도와 드릴까요?
ကူညီပါရစေ။
꾸니바야제

무엇을 도와 드릴까요?
ဘာကူညီပေးရမလဲ။
바 꾸니 뻬야말래

제가 원하는 것을 해 주실 수 있어요?
ကျွန်တော့်အကြိုက်လုပ်ပေးနိုင်မလား။
짜노 아짜익 로웁뻬나잉말라

제가 할 수 있는 한 도와 드리겠습니다.
ကျွန်တော်တတ်နိုင်သလောက်ကူညီပေးပါမယ်။
짜노 땃나잉딸라욱 꾸니 뻬바매

결국 버마 민주 항쟁은 실패로 끝나고, 신군부 정권이 현재에까지 이르고 있다. 버마 민주 항쟁은 실패로 끝났지만, 그러한 민주화 운동의 뼈를 깎는 노력으로 말미암아 쑤찌 여사는 1991년 미얀마의 영예이자 세계의 영예인 노벨 평화상을 수상하기도 하였는데, 신군부 정권은 그 당시 이러한 사실을 인정하려고 들지 않았다.

새해 복 많이 받으세요.
နှစ်သစ်ကာလမှာမင်္ဂလာအပေါင်းနဲ့ပြည့်စုံပါစေ။
흐닛띳까라흐마잉갈라아빠웅내삐예조웅바제

당신도 새해 복 많이 받으세요.
ခင်ဗျားလဲနှစ်သစ်ကာလမှာမင်္ဂလာအပေါင်းနဲ့ပြည့်စုံပါစေ။
캬먀래흐닛띳까라흐마잉갈라아빠웅내삐예조웅바제

선생님도 새해 복 많이 받으세요.
ဆရာလဲနှစ်သစ်ကာလမှာမင်္ဂလာအပေါင်းနဲ့ပြည့်စုံပါစေ။
사야래흐닛띳까라흐마잉갈라아빠웅내삐예조웅바제

무엇을 원하세요?
ဘာလိုချင်ပါသလဲ။
바 로징바달래

무엇이든지 괜찮아요.
ဘာမဆိုရပါတယ်။
바마소야바대

미얀마는 과거 1962년부터 1988년까지 26년 동안 네윙이 주도했던 버마식 사회주의의 철저한 고립·폐쇄주의 정책으로 말미암아 외국과의 교류가 거의 차단되어 마이너스 경제 성장을 기록하는 등, 결국 풍부한 천연 자원이 있음에도 불구하고 1987년 UN으로부터 세계 최빈국(World's Least Developed

---

저는 자동차를 원합니다.
ကျွန်တော်မော်တော်ကားလိုချင်ပါတယ်။
짜노 모 또 까n 로징바대

지금 몇 시예요?
အခုဘယ်နှစ်နာရီလဲ။
아쿠배흐나나이래

지금 몇 시예요?
အခုဘယ်နှစ်နာရီရှိပြီလဲ။
아쿠배흐나나이시비래

지금 몇 시예요?
အခုဘယ်နှစ်နာရီထိုးပြီလဲ။
아쿠배흐나나이토비래

5시예요.
ငါးနာရီရှိပြီ။
응아나이시비

Nations)의 한 국가로 불명예스럽게 공식 지정되는 수모를 겪었으나, 군사 정권의 계속적인 정권 유지를 위해서는 경제난의 해결이 급선무임을 어쩔 수 없이 인정해야 했던 군사 정부는, 외자 도입이 근본적인 경제난의 해결책임을 깨달아 1997년 ASEAN에도 가입하는 등 미얀마의 경제적 개방 정책을 표명하였다.

정각 6시예요.
ခြောက်နာရီတိတိပါ။
차욱 나이띠디바

9시 38분이에요.
ကိုးနာရီသုံးဆယ့်ရှစ်မိနစ်ပါ။
꼬나이또웅새싯미닛빠

저는 이제 돌아가야만 해요.
ကျွန်တော်ပြန်ရတော့မယ်။
짜노 삐양야도 매

이것은 누구 것이에요?
ဒါဘယ်သူဟာလဲ။
다 배두 하래

이것은 그녀의 것이에요.
ဒါသူဟာပါ။
다뚜하바

이와 같이 현재 미얀마는 경제적으로 새로운 물꼬를 트게 됨으로써 후진국을 벗어나려는 안간힘을 쓰고 있다. 이러한 군사 정권의 미얀마 경제를 살리려는 부단한 노력이 때늦은 감이 없지는 않으나, 어쨌든 미얀마 경제는 본격적인 개혁·개방의 물결 속에서 활성화될 전망이다.

일상회화

제 것은 어디에 있어요?
ကျွန်တော့်ဟာဘယ်မှာရှိပါသလဲ။
짜노 하 배흐마시바달래

당신 것은 여기에 있어요.
ခင်ဗျာ့ဟာဒီမှာရှိပါတယ်။
카먀 하 디흐마시바대

들어오세요.
ဝင်ပါ။
윙바

나가세요.
ထွက်သွားပါ။
트왝 똬 바

즉시 가세요.
ချက်ချင်းသွားပါ။
책 칭 똬 바

미얀마는 주업이 농업이고, 국민의 약 89%가 불교를 믿고 있어 때묻지 않은 소박한 국민성의 나라이다. 그러나 63년간에 걸친 영국 식민지 시대의 굴욕적인 피지배 생활, 네윙이 주도했던 26년간의 버마식 사회주의와 현재도 계속되고 있는 군사 정권의 지배하에, 미얀마인들은 움츠러들어 있고, 자기 자신의 마음을

빨리(급히) 걸으세요.
သုတ်သုတ်လျှောက်ပါ။
또옷또옷 샤욱 빠

저는 급히(빨리) 가야만 해요.
ကျွန်တော်အမြန်သွားရမယ်။
짜노 아먄 똬 야매

저 지금 피곤해요.
ကျွန်တော်အခုပင်ပန်းနေတယ်။
짜노 아쿠뼁방 네대

그렇다면, 잠깐 쉬세요.
ဒါပြင့်ခကအနားယူပါ။
다핑카 나아나유바

저것은 무엇이에요?
ဟိုဟာဘာလဲ။
호하 바래

잘 열지 않는 습성이 있다. 따라서, 대화할 때에는 그러한 미얀마인들의 역사적인 환경에서 비롯된 습성을 잘 이해하고 감안하고 나서 풀어나가는 것이 지혜로운 행동이다. 특히, 대화할 때 정치적인 화제는 금물이기 때문에 이 점 각별히 유념하여 상대방의 입장과 기분을 충분히 배려해야만 할 것이다. 어떠한 국가

저 사람은 누구예요?
ဟိုလူဘယ်သူလဲ။
호루 배 두 래

저는 몰라요. 당신은 아세요?
ကျွန်တော်မသိဘူး။ ခင်ဗျားကောသိလား။
짜노 마띠부 캬먀 고 띠달라

저는 그것을 좋아해요.
ကျွန်တော်အဲဒါကိုကြိုက်ပါတယ်။
짜노 애다고짜익빠대

저는 그것을 좋아하지 않아요.
ကျွန်တော်မကြိုက်ဘူး။
짜노 마짜익푸

미얀마에 언제(과거의 언제) 왔어요?
မြန်မာပြည်ကိုဘယ်တုန်းကလာသလဲ။
미얀마삐고 배도옹가 라달래

나 민족을 막론하고 각 국가마다 그 국가가 지니고 있는 독특한 문화가 존재한다. 따라서, 각 국가들의 문화를 서로 비교하여 어느 것이 수준이 높고 어느 것이 수준이 낮은지 그 가치를 평가한다는 것은 절대 금물이다. 이것은 각 문화들이 그 민족들의 삶 속에서 나름대로 각기 전통성을 가지고 고유하게 형성되어 왔기

미얀마에 어제 왔어요.
မြန်မာပြည်ကိုမနေ့ကလာပါတယ်။
미얀마삐고마네가라 바대

한국에 언제(미래의 언제) 돌아가요?
ကိုရီးယားပြည်ကိုဘယ်တော့ပြန်မလဲ။
꼬리야 삐 고 배 도 삐양말래

한국에 다음주 돌아가요.
ကိုရီးယားပြည်ကိုနောက်အပတ်ပြန်ပါမယ်။
꼬리야 삐 고 나욱아빳삐양바매

1시에 저기에서 만납시다.
တစ်နာရီမှာဟိုမှာတွေ့ကြရအောင်။
따나이흐마호흐마뛔자야아웅

제가 말하는 것을 들으세요.
ကျွန်တော်ပြောတာကိုနားထောင်ပါ။
짜노 뽀 다 고 나타웅 바

때문이다. 미얀마의 경우도 마찬가지이다. 비록 1962년부터 1988년까지 26년간이라는 긴 세월 동안 절대적인 권력을 휘두르며 카리스마적 지도자로 군림했던 네윈의 버마식 사회주의하의 고립·폐쇄주의 경제 정책의 실패로 말미암아, 풍부한 천연자원이 있음에도 불구하고 1987년 UN으로부터 세계 최빈국

일상회화

저에게 이것을 사 주세요.
ကျွန်တော့်ကိုဒီဟာဝယ်ပေးပါ။
짜노 고디하왜 뻬 바

저에게(저를 위해서) 연필을 가지고 오세요.
ကျွန်တော့်အတွက်ခဲတံယူခဲ့ပါ။
짜노 아뜨왝캐당유개바

저에게 주세요.
ကျွန်တော့်ကိုပေးပါ။
짜노 고 뻬바

당신께 드리겠습니다.
ခင်ဗျားကိုပေးပါမယ်။
카먀 고 뻬바매

이것을 운반해 주세요.
ဒါကိုသယ်ပေးပါ။
다고 때 뻬바

의 한 국가로 불명예스럽게 전락한 미얀마이지만(미얀마는 1960년대만해도 아시아에서 필리핀과 함께 경제적으로 영향력이 있는 나라였음), 현재 낙후된 그들의 경제 상황과 비교하여 볼 때 오랜 역사 속에서 형성되어 온 그들의 정신 문화는 아주 높은 편이다. 특히, 미얀마인들은 부처, 불법(佛法), 승려, 부모,

---

제 뒤를 따라오세요.
ကျွန်တော့်နောက်ကိုလိုက်ခဲ့ပါ။
짜노 나욱 꼬라익캐바

나와 함께 갈래요?
ကျွန်တော့်နဲ့အတူတူသွားမလား။
짜노 내아뚜두똬 말라

이것을 보세요.
ဒါကိုကြည့်ပါ။
다고 찌바

문을 열어 주세요.
တံခါးကိုဖွင့်ပေးပါ။
다가고 프윙뻬바

문을 닫아 주세요.
တံခါးကိုပိတ်ပေးပါ။
다가고 뻬잇뻬바

스승 이렇게 5가지를 '5대 한 없는 은인'으로 어릴 때부터 교육을 받을 정도로 승려와 윗사람에 대한 그들의 공경심과 예의 범절은 가히 놀랄 만하다. 윗사람에게 무엇을 양보한다거나, 윗사람 앞을 함부로 지나지 않는다거나 하는 것들은 아랫사람이 윗사람에게 행하는 기본적인 예절로 깍듯이 지켜지고 있는 것이다.

창문을 열어 주세요.
ပြတင်းပေါက်ကိုဖွင့်ပေးပါ။
바딩 바욱꼬프윙빼바

창문을 닫아 주세요.
ပြတင်းပေါက်ကိုပိတ်ပေးပါ။
바딩 바욱꼬 삐잇빼바

이 편지를 넣어 주세요.
ဒီစာကိုထည့်ပေးပါ။
디싸고 태 빼 바

저에게 편지 쓰세요.
ကျွန်တော့်ဆီစာရေးပါ။
짜노 치 싸 예바

당신에게 편지 쓰겠어요.
ခင်ဗျား့ဆီစာရေးလိုက်ပါမယ်။
카먀 치 싸 예 라익빠매

미얀마에서는 사람의 이름 앞에 성(姓)을 사용하지 않는다. 성 대신에 그 사람의 연령이나 사회적 지위, 신분 등에 따라서 경칭을 사용한다. 예를 들면, 남성의 경우에는 ဦး(우), ကို(꼬), မောင်(마웅)이라는 경칭을 사용하고, 여성의 경우에는 ဒေါ်(도), မ(마)라는 경칭을 사용한다. 그러나 그것들의 쓰임새는 각각 다

주소를 가르쳐 주세요.
လိပ်စာပေးပါ။
레입싸뻬바

그것을 적어(메모해) 두세요.
အဲဒါကိုမှတ်ထားပါ။
애다고흐맛타바

이것을 휴대해 두세요.
ဒီဟာကိုကိုင်ဆောင်ထားပါ။
디하고 까잉사웅 타 바

이것을 깨끗하게 해 주세요.
ဒါကိုသန့်သန့်ရှင်းရှင်းလုပ်ပေးပါ။
다고 땅 땅 싱 싱 로웁뻬바

이것들을 잊지 마세요.
ဒီဟာတွေကိုမမေ့ပါနဲ့။
디하뒈고 마메바내

르다. 먼저 남성의 경칭부터 살펴보면, '우'는 대개 중년 이상의 사회적으로 지위가 있는 남성 앞에 쓰이고, '꼬'는 20세부터 40세 미만의 부르는 사람과 동년배 또는 연하의 남성 앞에 쓰이며, '마웅'은 20세 이하의 부르는 사람과 친한 사이거나 연하, 사회적으로 지위가 낮은 남성 앞에 쓰인다.

지금 배가 고파요.
အခုထမင်းဆာတယ်။
아쿠타밍 사 대

목이 말라요.
ရေငတ်တယ်။
예 앗 때

뭐 마실 것 가져올까요?
သောက်စရာတစ်ခုခုယူလာခဲ့ရမလား။
따욱 싸야 따쿠쿠유라개야말라

냉수 한 컵 마시고 싶어요.
ရေအေးအေးတစ်ခွက်သောက်ချင်ပါတယ်။
예 에 에 따크왝 따욱 칭바대

밥을 더 드시겠어요?
ထမင်းစားဦးမလား။
타밍 싸오웅말라

한편, 여성의 '도'는 중년 이상의 사회적으로 지위가 있는 여성 앞에 쓰이고, '마'는 미혼 여성이거나 부르는 사람과 친한 사이, 사회적으로 지위가 낮은 여성 앞에 쓰인다. 이와 같이 미얀마에서의 사람 이름 앞에 붙이는 성 대신에 쓰이는 경칭은 사람과 사람과의 상대적인 인간 관계에 의하여 결정되는 것이다.

충분해요. 감사합니다.
တော်ပြီ။ ကျေးဇူးတင်ပါတယ်။
또 비 쩨 주 띵바대

배 불러요. 감사합니다.
ဝပြီ။ ကျေးဇူးတင်ပါတယ်။
와비 쩨 주 띵바대

저희들은 매우 즐거웠어요.
ကျွန်တော်တို့သိပ်ပျော်ပါတယ်။
짜노 도떼입뾔바대

이곳은 아주 쾌적하군요.
ဒီနေရာဟာအင်မတန်သာယာချမ်းမြေ့ပါတယ်။
디네야하 잉마땅 따야 챵몌 바대

이것은 매우 아름다워요.
ဒီဟာသိပ်လှပါတယ်။
디하떼입훌라바대

그렇지만 그 경칭이 외국인의 이름에는 원칙적으로 쓰이지 않는다. 외국인에게는 남성의 경우에는 미스터, 여성의 경우에는 기혼자는 미시즈, 미혼자는 미스가 그대로 사용된다. 하지만 외국인에게도 미얀마 이름을 지어 붙여 외국 이름 대신에 친밀하게 미얀마 이름을 부르는 예도 없지는 않다. 필자의 미얀마 이름은

일상회화

비가 올까요?
မိုးရွာမလား။
모유아말라

지금 비가 오고 있어요.
အခုမိုးရွာနေပါတယ်။
아쿠모유아네바대

매우 시원하군요.
သိပ်အေးပါတယ်နော်။
떼입 에바대 노

별로 덥지 않아요.
သိပ်မပူပါဘူး။
떼입마뿌바부

오늘 날씨가 좋군요.
ဒီနေ့ရာသီဥတုသာယာပါတယ်နော်။
디네야디우투따야 바대 노

ကျော်ဟိန်း(쬬헤잉)으로 미얀마인들에게는 ဦးကျော်ဟိန်း(우 쬬헤잉)으로 불린다. 개혁·개방 후의 요즈음 도회지의 남성들 같은 경우는 악수를 하고 명함을 주고받기도 하지만, 원래 미얀 마에는 손으로 악수하는 풍습이 없었다. 따라서, 지금도 대부분 의 지방민들은 그냥 얼굴을 서로 마주보며 말로만 인사를 하고

실례지만, 성냥 잠깐 빌려 주세요.
ကျေးဇူးပြုပြီး၊ မီးခြစ်ခဏငှားပါ။
쩨 주뿌삐 미칫카나흥아바

유감이에요.
ဝမ်းနည်းပါတယ်။
웡 내 바대

가족은 몇 명이에요?
မိသားစုဘယ်နှစ်ယောက်လဲ။
미다주 배흐나 야욱 래

자녀가 있습니까?
သားသမီးရှိပါသလား။
따 다미 시바달라

자녀가 몇 명 있어요?
သားသမီးဘယ်နှစ်ယောက်ရှိပါသလဲ။
따 다미 배흐나 야욱 시바달래

있어, 지방민에게 악수를 청할 경우 매우 어색하게 생각하여 응하지 않는 경우가 많다. 이때 인사말로서는 원래는 학교에서 사용된 인사말이었으나, 현재는 일반 사회에서도 널리 사용되고 있는 မင်္ဂလာပါ။ (밍갈라바 : 여기서 '밍갈라' 의 의미는 '행복', '축복' 이라는 뜻임)라는 말이 많이 쓰인다. 그렇지만 일반적으

아들 한 명, 딸 두 명 있어요.
သားတစ်ယောက်သမီးနှစ်ယောက်ရှိပါတယ်။
따 따야욱 따미 흐나야욱 시바대

누군가를 보내 주세요.
တစ်ယောက်ယောက်ကိုလွှတ်ပေးပါ။
따 야욱 야욱 꼬 흘룻뻬바

이것들 중에서 어느 것이 가장 좋아요?
ဒါတွေထဲမှာဘယ်ဟာအကောင်းဆုံးလဲ။
다뒈대흐마 배하 아까웅조웅래

이것을 그는 할 수 없어요.
ဒါကိုသူမလုပ်နိုင်ဘူး။
다고뚜말로웁나잉부

이대로 두세요. 제가 할게요.
ဒီအတိုင်းပဲထားလိုက်ပါ။ ကျွန်တော်လုပ်ပါမယ်။
디아따잉배타라익빠 짜노 로웁빠매

로 친한 사이끼리는 '어디에 가세요?' 나 '식사하셨어요?' 등의 말이 인사말로서 널리 사용되고 있다. 미얀마는 국민의 약 89%가 불교를 숭상하고 있어 불교가 문화를 지배하고 있다고 해도 과언이 아닐 정도로 불교는 미얀마인들의 생활에 절대적인 영향을 끼치고 있다. 이러한 문화적인 습관은 인사할 때에도 나타나

그렇게 해서는 안 돼요.
အဲဒီလိုမလုပ်ရဘူး။
애디로말로웁야부

그렇다면, 어떻게 해야 할지 모르겠군요.
ဒါဆိုရင်၊ ဘယ်လိုလုပ်ရမလဲမသိဘူး။
다소잉 배로웁야말래마띠부

만일 뭔가 잘못이 있으면 용서해 주세요.
တကယ်လို့အမှားတစ်ခုခုရှိရင်ခွင့်လွှတ်ပါ။
다개로 아흐마따쿠구시잉크웡흘룻빠

먀흘라 씨, 오래간만이에요.
ဦးမြလှ၊ မတွေ့ရတာကြာပါပြီ။
우먀흘라 마뛔야다짜바비

이 사람이 제 친구 미스타 이입니다.
ဒါကကျွန်တော့်မိတ်ဆွေမစ္စတာလီပါ။
다가 짜노 메잇쉐 밋싸따리바

는데, 승려에게 인사할 때에는 불교식 인사법으로서 반드시 두 손을 합장한 채 인사를 해야 한다. 미얀마에서는 식사할 때 일반적으로 수저나 젓가락을 사용하지 않고 맨손을 사용한다. 식탁에 놓여 있는 반찬들을 수저로 자기 접시에 떠놓고 밥과 함께 손으로 먹는 것이다. 그래서 식탁 옆에 손을 씻기 위한 세면도구 및

미스타 이를 소개하겠습니다.
မစ္စတာလီနဲ့မိတ်ဆက်ပေးပါရစေ။
밋싸따리내 메읻섁뻬 바야제

제 이름은 먀흘라입니다.
ကျွန်တော့်နာမည်မြလှလို့ခေါ်ပါတယ်။
짜노 나매 먀흘라로코바대

뵙게 되어 매우 반갑습니다.
တွေ့ရတာအင်မတန်ဝမ်းသာပါတယ်။
뛔 야다 잉마땅 웡 따 바대

저도 매우 반가워요.
ကျွန်တော်လဲသိပ်ဝမ်းသာပါတယ်။
짜노 래떼입웡따 바대

당신은 결혼하셨어요?
ခင်ဗျားအိမ်ထောင်ကျပြီလား။
캬먀 에잉다웅 짜비라

세면기는 어느 집이나 설치가 되어 있는 것이 보통이다. 맨손의 오른손으로 밥을 먹는 관계로, 수저로 국을 떠먹을 때에나 수저로 반찬들을 자기 접시에 뜰 때에는 반드시 왼손을 사용해야 한다. 오른손은 밥이나 반찬들로 이미 깨끗해 있지 않기 때문이다. 그리고 반찬들을 뜰 때에는 웃어른이 다 뜬 다음에 떠야 한다. 밥

네, 결혼했어요.
ဟုတ်ကဲ့၊ အိမ်ထောင်ကျပါပြီ။
호웃깨 에잉다웅짜바비

저는 아직 결혼 안했어요.
ကျွန်တော်အိမ်ထောင်မကျသေးပါဘူး။
짜노 에잉다웅 마짜 데바부

한국에 가 보신 적이 있어요?
ကိုရီးယားပြည်ကိုသွားဖူးပါသလား။
꼬리야 삐고 똬부바달라

한국에 가 본 적이 없어요.
ကိုရီးယားပြည်ကိုမသွားဖူးဘူး။
꼬리야 삐고 마똬 부부

한국에 매우 가고 싶어요.
ကိုရီးယားပြည်ကိုအင်မတန်သွားချင်ပါတယ်။
꼬리야 삐고 잉마땅 똬 징바대

을 먹을 때 접시 가장자리를 가끔 손으로 가운데로 긁어모아 밥알이 땅에 떨어지지 않도록 주의해야 하고, 밥을 남기는 것은 실례가 되는 일이기 때문에 반드시 먹을 수 있는 양만 자기 접시에 담아 음식을 남기는 일은 절대로 없어야 한다. 미얀마 사람들은 불교 및 정령 신앙 등의 영향으로 쇠고기, 돼지고기는 잘 먹지 않는

당신은 어디에 근무하세요?
ခင်ဗျားဘယ်မှာအလုပ်လုပ်နေပါသလဲ။
카먀 배흐마알로웁로웁네바달래

저는 우체국에서 일하고 있어요.
ကျွန်တော်စာတိုက်မှာအလုပ်လုပ်နေပါတယ်။
짜노 싸다익흐마알로웁로웁네바대

당신의 직업은 뭐예요?
ခင်ဗျားအလုပ်အကိုင်ဘာလဲ။
카먀 알로웁아까잉바래

저는 공무원예요.
ကျွန်တော်ပြည်သူ့ဝန်ထမ်းပါ။
짜노 삐두쇼당 바

당신의 전공 과목은 뭐예요?
ခင်ဗျားအဓိကဘာသာရပ်ဘာလဲ။
카먀 아디까 바다압 바 래

대신 닭고기는 일반적으로 매우 좋아하는데, 닭고기, 오리고기, 생선처럼 뼈나 가시가 있는 반찬들을 뜰 때에는 뼈나 가시를 한 곳에 제하여 놓고 좋은 살만을 떠서는 안 된다. 뼈든지 살이든지 가리지 않고 한 번 수저에 떠진 것을 자기 접시에 떠놓아야 한다. 그리고 밥을 더 먹고 싶을 때에는 접시에 밥이 다 떨어지기 전에

저는 외국어를 공부했어요.
ကျွန်တော်နိုင်ငံခြားဘာသာကိုသင်ပါတယ်။
짜노 나잉강자 바다고 띵바대

무슨 용건이에요?
ဘာကိစ္စလဲ။
바께잇싸래

화장실은 어디예요?
အိမ်သာဘယ်မှာလဲ။
에잉다 배흐마래

화장실은 왼쪽이에요.
အိမ်သာဘယ်ဘက်မှာပါ။
에잉다 배 백흐마바

무엇을 찾고 있어요?
ဘာရှာနေသလဲ။
바 샤 네달래

미리 밥을 퍼놓아야 한다. 밥을 먹을 때에도 쩝쩝 소리를 내서는 안 되고, 국을 떠먹을 때에도 후루룩 소리를 내서는 안 된다. 배가 고프다고, 또는 음식이 맛이 있다고 허겁지겁 덥석덥석 음식을 먹어서도 안 된다. 식사 도중 기침이나 재채기가 나오는 경우에는 되도록 식탁 밖으로 나와서 기침이나 재채기를 해야 한다.

한국 대사관은 어디예요?
ကိုရီးယားသံရုံးဘယ်မှာလဲ။
꼬리야 땅요웅배흐마래

한국 대사관은 오른쪽이에요.
ကိုရီးယားသံရုံးညာဘက်မှာပါ။
꼬리야 땅요웅냐백흐마바

얼마나 걸려요?
ဘယ်လောက်ကြာမလဲ။
발 라욱 짜말래

염려할 것 없어요.
စိုးရိမ်စရာမရှိပါဘူး။
쏘예잉자야마시바부

그렇고 말고요.(물론이에요.)
ဟုတ်တာပေါ့။
호웃따 뽀

이러한 것들이 미얀마에서의 기본적인 식사 예절로 되어 있다. 전술하였지만, 미얀마는 어떠한 종족이든 어떠한 종교를 믿든 웃어른을 공경하는 것이 가장 큰 미덕으로 되어 있다. 그렇기 때문에 장유유서(長幼有序)의 위계질서(位階秩序)는 철저히 지켜지는 것이 보통이다.

안녕히 계세요.
သွားပါဦးမယ်။
똬 바오웅매

안녕히 가세요.
ကောင်းပါပြီ။
까웅 바비

곧 돌아오겠습니다.
မကြာခင်ပြန်လာဦးမယ်။
마짜깅 삐앙라오웅매

이제 갈게요.
သွားပါတော့မယ်။
똬 바 도 매

또 뵙겠습니다.
တွေ့ရသေးတာပေါ့။
뛔 야 데 다 뽀

 여행

따라서, 웃어른에게 아랫사람이 무슨 일을 양보하는 것은 기본으로 되어 있으며, 아랫사람이 웃어른 앞을 지나갈 때에도 몸을 움츠리거나 허리를 굽힘으로써 예의를 표시하는 것은 예사로 행

역은 어디에 있어요?
ဘူတာရုံဘယ်မှာ့ရှိပါသလဲ။
부다요웅배흐마시바달래

역은 어디예요?
ဘူတာရုံဘယ်မှာလဲ။
부다요웅배흐마래

따웅지 행 열차 보통칸 티켓 주세요.
တောင်ကြီးရထားရိုးရိုးတန်းလက်မှတ်ပေးပါ။
따웅지 야타 요요당 랙흐맛 뻬바

양공 행 열차 우등칸 티켓 한 장 주세요.
ရန်ကုန်ရထားအထက်တန်းလက်မှတ်တစ်
စောင်ပေးပါ။
양고웅야타 아택땅 랙흐맛 다자웅 뻬바

만달레 왕복 티켓 두 장 주세요.
မန္တလေးအသွားအပြန်လက်မှတ်နှစ်စောင်ပေးပါ။
망달레아똬아뻐양랙흐맛 흐나싸웅뻬바

해진다. 앉는 자세에서도 웃어른에 대한 공경의 마음은 예외 없이 나타난다. 아랫사람이 웃어른 앞에 앉을 때 무릎이나 허벅지를 드러내 놓고 앉아서는 안 된다. 만일 자녀들이 이렇게 앉는 것을 부모들이 볼 것 같으면 엄히 꾸짖어 훈계한다. 사내아이들 같으면 웃어른 앞에 무릎을 꿇고 정좌하여야 한다. 책상다리를 하고서 앉을 수는 있으나, 승려 앞에서는 책상다리를 하고서 앉으면 큰 실례가 되기 때문에 반드시 무릎을 꿇고 정좌하거나, 아

이 열차는 몰라마잉 행 열차예요?
ဒီရထားမော်လမြိုင်ရထားလား။
디야타 몰라먀잉야타 라

이 열차는 따웅응우에 도착해요?
ဒီရထားတောင်ငူမှာဆိုက်မလား။
디야타따웅응우흐마사익말라

양공에 몇 시에 도착해요?
ရန်ကုန်ကိုဘယ်အချိန်ရောက်မလဲ။
양고웅고배아체잉 야욱말래

어느 홈에서 출발해요?
ဘယ်စကြိုကထွက်မလဲ။
배 징장가트왝말래

2번 홈에서 출발해요.
အမှတ်နှစ်စကြိုကထွက်ပါမယ်။
아흐맛흐닛징장가트왝빠매

니면 웅크리고 앉아야만 한다. 계집아이들의 경우는 승려 앞에 서거나 웃어른 앞에서거나 반드시 무릎을 꿇고 정좌하여야만 예의 바른 착석 예절로 간주된다. 석조건, 목조건, 죽조건 그 중에는 한국에서는 없어져 가고 있는 옛날 습관들이 아직도 지켜지고 있는 것이 미얀마의 가옥이다. 일반적으로 미얀마의 가옥은 현관 쪽을 중시한다. 조상의 영을 모시는 것이 아니라 순수하게

밍장 열차를 어디에서 갈아타야 해요?
မြင်း၁ံ၆ရထားကိုဘယ်မှာပြောင်းစီးရမလဲ။
밍장 야타고 배흐마 빠웅씨야말래

열차가 여기에서 얼마나 오래 멈춰요?
ရထားဒီမှာဘယ်လောက်ကြာကြာရပ်မလဲ။
야타 디흐마 발라욱 짜 짜 얍말래

다음 만달레 행 열차는 몇 시에 출발해요?
နောက်မန္တလေးရထားဘယ်အချိန်ထွက်မလဲ။
나욱 망달레 야타배 아체잉트 왝말래

오후 4시에 출발해요.
ညနေလေးနာရီမှာထွက်မယ်။
냐네 레나이흐마트 왝매

밤 8시에 출발해요.
ညရှစ်နာရီမှာထွက်မယ်။
냐싯나이흐마트 왝매

불상을 모시는 곳인 불단이 있고, 집안의 가장이 자는 방도 입구와 가깝다. 만일 2층이 있으면 불단은 2층이 된다. 어느 누구도 불상이나 불화(佛畫) 위를 걸어서는 안 되기 때문이다. 깊숙한 안쪽이 일상의 세속적인 장소가 된다. 말하자면, 취사나 식사 장소 같은 곳이 되고, 여성들이 화장 등을 하는 장소가 되는 것이다. 그리고 사정이 허락하는 한, 화장실은 별채로 따로, 되도록 안채로

영어로 된 시각표 있어요?
အင်္ဂလိပ်လိုအချိန်ဇယားရှိသလား။
잉가레입로아체잉자야시달라

침대칸은 여기에서 예약합니까?
အိပ်တွဲကြိုတင်လက်မှတ်ဒီမှာဝယ်ရသလား။
에입쫴쪼띵랙흐맛디흐마왜야달라

침대칸을 예약하고 싶어요.
အိပ်တွဲကြိုတင်လက်မှတ်လိုချင်ပါတယ်။
에입쫴쪼띵 랙흐맛 로칭바대

대합실은 어디예요?
ထိုင်ခုံနေရာဘယ်မှာလဲ။
타잉고웅네야배흐마래

개찰구는 어디예요?
အဝင်ဂိတ်ပေါက်ဘယ်မှာလဲ။
아윙게잇빠욱 배흐마래

부터 떨어진 곳에 설치한다. 그러한 탓인지 화장실을 한국과 같이 미얀마어로 '뒤쪽'을 의미하는 ေႂာက္ေပး(나욱페)라고 하는 것도 흥미로운 일이다. 과거의 한국과 마찬가지로 그렇게 하지 않으면 위생상 좋지 않다고 생각해서일 것이다. 도시의 벽돌집이나 콘크리트집의 주거가 그 점에서 다소 문제가 있다고 그

안내소는 어디예요?
စုံစမ်းရေးဌာနဘယ်မှာလဲ။
쏘웅장예타나배흐마래

식당은 어디에 있어요?
စားသောက်ဆိုင်ဘယ်မှာရှိသလဲ။
싸따욱 사잉배흐마시달래

식당칸은 어디예요?
စားသောက်တွဲဘယ်မှာလဲ။
싸따욱뙈 배흐마래

좌석이 있어요?
ထိုင်ခုံရှိသလား။
타잉고웅시달라

이 좌석은 이미 예약이 끝났어요.
ဒီဟာကြိုတင်လက်မှတ်လုပ်ပြီးသားထိုင်ခုံပါ။
디하 쪼띵 랙흐맛로웁삐다타잉고웅바

들은 말을 하곤 한다. 새 집을 짓거나 이사하거나 한 경우, အိမ်တက်မင်္ဂလာ(에잉댁밍갈라)라는 입주 축하 의식을 입주하는 측이 행하는 습관도 있다. 이른 아침 승려를 초대하여 새 집에서의 행복을 기원받고, 식사 등을 대접하는 것이다. 그리고 나면 모두 함께 나누어 먹기 쉬운 미얀마어로 ခေါက်ဆွဲ(카욱쇄)라

다른 좌석을 찾아 주세요.
တခြား ထိုင်ခုံ ရှာပေးပါ။
따차타잉고웅샤뻬바

실례합니다만, 거기는 제 자리예요.
တစ်ဆိတ်လောက်၊ အဲဒီဟာ ကျွန်တော့် နေရာပါ။
따세잇라욱 애디하 짜노 네야바

이 기차에서 에야와디 강이 보여요?
ဒီရထားပေါ်ကနေ ဧရာဝတီမြစ်ကိုမြင်နိုင်သလား။
디야타보가네 에야와디밋꾜 밍나잉달라

네, 보여요.
ဟုတ်ကဲ့၊ မြင်နိုင်ပါတယ်။
호웃깨 밍나잉바대

택시를 부를까요?
တက္ကစီခေါ်ရမလား။
땍까씨코야말라

고 불리는 국수 등의 면류를 준비하여, 형제, 친척, 친구들을 초대하는 것이다. 이때 초대받은 측은 특별히 축하 선물을 가지고 가지 않아도 무방하다. 집을 짓기 위하여 ေမော် (자따 : 미얀마인인 이상 누구나 가지고 있는 본인의 출생표임. 본인 이름, 생년월일, 출생 시간, 출생 요일, 부모 이름, 사람이 태어난 요일에

삼륜차로 갈게요.
သုံးဘီးကားနဲ့သွားမယ်။
또웅베잉까내 똬매

이 사이드카(sidecar) 비어 있어요?
ဒီဆိုက်ကားအားသလား။
디사익까 아 달라

저는 고급 승용차를 렌트하고 싶어요.
ကျွန်တော်ဆလွှန်းကားငှားချင်ပါတယ်။
짜노 사룽까 흥아칭바대

아침 9시에 차를 보내 주세요.
မနက်ကိုးနာရီမှာကားလွှတ်ပေးပါ။
마낵꼬나이흐마 가 흘룻뻬바

깡도지 호텔에 가 주세요.
ကန်တော်ကြီးဟိုတယ်ကိုပို့ပေးပါ။
깡 도 지 호때 고 뽀뻬바

해당되는 운성(運星)에 관한 표인 운성표 등이 점성가에 의하여 종려나뭇잎에 철필로 기록되어 집안에 소중히 보관되지만, 무슨 일이 있으면 꺼내어져 기록된 사항들을 근거로 하여 점성가에 의하여 운세가 점쳐짐)를 통한 길일(吉日)을 선택하는 것, 어느 지방의 어떠한 나무를 기둥으로 삼을 것인가 등 민속 신앙적 여

어느 쪽으로 돌면 좋아요?
ဘယ်ဘက်ကိုကွေ့ရင်ကောင်းမလဲ။
배 백 꼬 꿰잉 까웅 말래

택시 요금은 얼마예요?
တက္ကစီခနှုန်းထားဘယ်လောက်လဲ။
땍까씨 흐노웅다 발라욱래

한 시간에 얼마예요?
တစ်နာရီကိုဘယ်လောက်လဲ။
따나이고 발라욱 래

택시 요금을 주세요.
တက္ကစီခပေးပါ။
땍까씨가뻬바

거스름돈은 가지세요.
ပြန်မအမ်းပါနဲ့တော့။
삐얀마앙바내도

여행

러 까다로운 조건들이 있기는 하지만, 일단 결정되고 나면 거기에 사는 모든 가족들의 건강과 행복을 바라는 것은 동서양을 막론한 인간의 원초적인 본능일 것이다. 미얀마는 주업이 농업이고, 국민의 약 89%가 불교를 믿고 있어 때묻지 않은 소박한 국민성의 나라이다. 그러나 63년간에 걸친 영국 식민지 시대의 피

쉐다고웅 파고다까지 얼마나 걸려요?
ရွှေတိဂုံဘုရားအထိဘယ်လောက်ကြာမလဲ။
쉐다고웅파야아티 발라욱 짜말래

멈추세요. 여기예요.
ရပ်ပါ။ ဒီမှာပဲ။
얍빠 디흐마배

바고까지 왕복 얼마예요?
ပဲခူးအထိအသွားအပြန်ဘယ်လောက်လဲ။
바고아티아똬아삐양 발라욱 래

만달레까지 렌타카를 원해요.
မန္တလေးအထိသွားနိုင်မယ့်အငှားကားလိုချင်တယ်။
망달레아티똬나잉매 아흥아까로칭대

길은 험해요?
လမ်းကြမ်းသလား။
랑 깡 딸라

지배 생활, 네윙이 주도했던 26년간의 버마식 사회주의와 현재도 계속되고 있는 군사 정권의 지배하에, 미얀마인들은 움츠러들어 있고, 자신의 마음을 잘 열지 않는 습성이 있다. 따라서, 대화할 때에는 그러한 미얀마인들의 역사적인 환경에서 비롯된 습성을 잘 이해하고 감안하고 나서 풀어나가는 것이 지혜로운 처

여기에서 잠깐 쇼핑을 하고 싶어요.
ဒီမှာ၁တကာဈေးဝယ်ချင်ပါတယ်။
디흐마카나제왜칭바대

여기에서 기다려 주세요.
ဒီမှာစောင့်ပေးပါ။
디흐마싸웅뻬바

이 버스는 떼잉지 시장에 갑니까?
ဒီဘတ်စကားသိမ်ကြီးဈေးကိုရောက်မလား။
디밧싸까 떼잉지 제고 야욱말라

쉐다고웅 파고다는 아직이에요?
ရွှေတိဂုံဘုရားမရောက်သေးဘူးလား။
쉐다고웅파야 마야욱떼부 라

다음 정류장이에요.
နောက်မှတ်တိုင်ပါ။
나욱흐맛따잉바

사이다. 특히, 대화할 때 정치적인 화제는 금물이기 때문에 이 점 각별히 유념해야 한다. 그리고 미얀마는 남자고 여자고 독신들이 많기 때문에 가족에 관한 질문을 할 때에는 상대방의 기분이 상하지 않도록 주의해야 한다. 나라마다 습관과 사고 방식 등 문화가 다르기 때문에 이 점 깊이 유념해야 한다.

편도 티켓만 주세요.
အသွားလက်မှတ်ပဲပေးပါ။
아똬 랙흐맛빼 뻬바

왕복 티켓은 얼마예요?
အသွားအပြန်ဘယ်လောက်လဲ။
아똬아삐양 발라욱 래

버스로 잉쎄잉까지 얼마나 걸려요?
ဘတ်စကားနဲ့အင်းစိန်အထိဘယ်လောက်ကြာမလဲ။
밧싸까내 잉쎄잉 아티 발라욱 짜말래

저기에서 갈아타야 해요?
ဟိုမှာပြောင်းစီးရမလား။
호흐마 빠웅씨야말라

갈아타지 않고 도착해요?
ပြောင်းမစီးဘဲရောက်မလား။
빠웅 마씨배 야욱말라

개혁과 개방의 바람을 따라 이제야 외부 세계에 눈을 돌린 미얀마는, 오랫동안 네윙이 주도했던 버마식 사회주의의 고립·폐쇄 정책으로 인한 경기 침체와 최근의 동남아시아의 경기 침체로 말미암아 많은 실업자들이 거리를 활보하고 있는 상태이다. 따라서, 상대방의 직업을 물어 볼 경우에는 자존심을 건드리지 않

이것은 제 짐이에요.
ဒီဟာကျွန်တော့်ပစ္စည်းပါ။
디하 짜노 뻿씨바

저것은 제 것이 아니예요.
ဟိုဟာကျွန်တော့်ဟာမဟုတ်ပါဘူး။
호하 짜노하 마호웃빠부

이것은 제가 가지고 갈게요.
ဒီဟာကိုတော့ကျွန်တော်ယူသွားမယ်။
디하고도 짜노 유똬 매

짐들을 여기에 맡겨 두고 싶어요.
ပစ္စည်းတွေဒီမှာအပ်ထားချင်ပါတယ်။
뻿씨뒈 디흐마 압타징바대

제 짐들을 잠깐 맡아 주시겠어요?
ကျွန်တော့်ပစ္စည်းတွေကိုခဏယူထားပေးမလား။
짜노 뻿씨 뒈고 카나유타 뻬말라

는 범위 내에서 이루어져야 할 것이다. 미얀마는 관공서의 경우에는 업무가 아침 9시 반에 개시되어 오후 4시 반에 끝나고, 회사인 경우에는 보통 아침 9시부터 업무가 시작되어 오후 5시에 끝난다. 토요일에는 관공서를 비롯해 서비스업을 제외한 거의 모든 직장이 휴무로 되어 있다.

값을 지금 지불해야 해요?
အဖိုးအခုပေးရမလား။
아카아쿠뻬야말라

영수증을 주세요.
ပြတ်ပိုင်းပေးပါ။
피얏빠잉뻬바

짐들을 무료로 얼마까지 운반할 수 있어요?
ပစ္စည်းတွေကိုအလကားဘယ်လောက်အထိသယ်နိုင်မလဲ။
뻿씨뒈고 알라가 발라욱 아티 때나잉말래

초과분은 지불할게요.
အပိုပစ္စည်းအတွက်ငွေထပ်ပေးမယ်။
아뽀뻿씨아드왝 웨탑 뻬 매

세관은 어디예요?
အကောက်ခွန်ဌာနဘယ်မှာလဲ။
아까욱 쿵타나 배흐마래

현재 한국에서 미얀마까지 직접 가는 항공편은 아직 없다. 따라서, 미얀마까지 가려면 태국 방콕을 경유해야만 한다. 대한 항공이나 아시아나 항공을 이용하여 방콕까지 가서, 그곳에서 미얀마 항공이나 타이 항공을 이용하여 양공까지 가는 방법이 현재로서는 가장 보편적으로 이용되고 있다.

제 짐들을 검사해야 해요?
ကျွန်တော့်ပစ္စည်းတွေကိုစစ်ရမလား။
짜노 뼛씨뒈고 씻야말라

당신의 짐들을 검사해야 합니다.
ခင်ဗျား့ပစ္စည်းတွေကိုစစ်ရပါမယ်။
카먀 뼛씨뒈고 씻야바매

저는 휴대용 여행 가방 세 개 가지고 있어요.
ကျွန်တော့်မှာခရီးဆောင်အိတ်သုံးခုရှိပါတယ်။
짜노흐마 카이자웅에잇또웅구시바대

이 손가방도 검사해야 하나요?
ဒီလက်ဆွဲအိတ်ကိုလဲစစ်ရမလား။
디랙쐐에잇꼬래 씻야말라

당신의 짐들을 검사 다했습니다.
ခင်ဗျား့ပစ္စည်းတွေစစ်ပြီးပါပြီ။
카먀뼛씨 뒈 씻삐바비

미얀마에서 호텔 체크 아웃 시간은 일반적으로 낮 12시까지이다. 좋은 호텔의 경우에는 숙박료가 100불이 훨씬 넘어가지만, 30불 정도의 호텔도 많이 있기 때문에 기호에 따라서 얼마든지 선택이 가능하다. 30불 정도의 호텔도 지내는 데에는 아무런 불편이 없다.

이 상자 속에는 무엇이 들어 있습니까?
ဒီသေတ္တာထဲမှာတော့ဘာထည့်ထားသလဲ။
디뗏따대흐마도 바 태 타 달래

모두 제 개인용품들이에요.
အားလုံးကျွန်တော့်ကိုယ်ပိုင်ပစ္စည်းတွေပါပဲ။
아로웅 짜노 꼬바잉뼛씨둮바배

모두 제가 늘 사용하는 물건들이에요.
အားလုံးကျွန်တော်အသုံးပြုနေကျပစ္စည်းတွေပါပဲ။
아로웅 짜노 아또웅뿌네자뼛씨둮바배

세금은 얼마나 내야 하나요?
အခွန်ဘယ်လောက်ဆောင်ရမလဲ။
아쿵 발라욱 사웅 야말래

별로 많지 않군요.
သိပ်မများပါဘူး။
떼입마먀바부

숙박

미얀마의 호텔이나 고급 식당에서도 어느 나라처럼 서비스 차지가 포함되어 있기 때문에 팁을 따로 줄 필요는 없지만, 방을 안내하여 짐을 들어다 주는 종업원에게는 1불 정도의 팁을 주는

좋은 호텔에 묵고 싶어요.
ဟိုတယ်အကောင်းစားမှာတည်းချင်ပါတယ်။
호때 아까웅자흐마 때징바대

좋은 호텔을 구해 주세요.
ဟိုတယ်အကောင်းစားကိုရှာပေးပါ။
호때 아까웅자고 샤뻬바

방을 미리 예약해 두고 싶어요.
အခန်းကိုကြိုတင်စရန်လုပ်ထားချင်ပါတယ်။
아캉고 쪼띵 싸양로웁타징바대

방을 미리 예약해 두고 싶어요.
အခန်းကိုကြိုတင်ဘွတ်ကင်းလုပ်ထားချင်ပါတယ်။
아캉고 쪼띵 붓낑 로웁 타 징 바대

더블 침대 있는 방 있어요?
နှစ်ယောက်အိပ်ခုတင်ရှိတဲ့အခန်းရှိသလား။
흐나야욱에입가딩시대아캉시달라

것이 좋다. 미얀마에서 한국에 대한 인상은 좋으며, 아시아에서 일본 다음 가는 경제 대국으로 평가하고 있다. 미얀마의 주된 교통 수단은 버스, 기차 그리고 택시를 들 수 있다. 한국의 대우에서 생산된 버스와 기차가 많이 이용되고 있어 친근감을 주기도 한다. 미얀마의 급행 열차는 보통 차량과 특실 차량으로 구분되

트윈 베드가 있는 방을 원해요.
ခုတင်နှစ်လုံးရှိတဲ့အခန်းလိုချင်ပါတယ်။
가딩흐나로웅시대아캉로징바대

싱글 룸 두 개를 원해요.
တစ်ယောက်ခန်းနှစ်ခန်းလိုချင်ပါတယ်။
따야욱 캉 흐나캉로징바대

욕실이 딸려 있어야 해요.
ရေချိုးခန်းပါရမယ်။
예초강 빠야매

딸려 있고 말고요. 안심하세요.
ပါတာပေါ့။ စိတ်ချပါ။
빠다뽀 쎄잇차바

더 좋은 방 없어요?
ပိုကောင်းတဲ့အခန်းမရှိဘူးလား။
뽀 까웅대 아캉 마시부라

어 있는데, 수도인 양공과 미얀마 제 2의 도시인 만달레간의 급행 열차 운행 시간은 13~14시간이 걸린다. 택시의 경우는 뒤에서 타고 내리는 일본 마쯔다 제품의 바퀴가 세 개 달린 သုံးဘီးကား(또웅베잉까)라고 불리는 오토 삼륜차와 역시 마쯔다 제품의 바퀴가 네 개 달린 လေးဘီးကား(레베잉까)라고 불리

더 값이 싼 방 없어요?
ပိုဈေးသက်သာတဲ့အခန်းမရှိဘူးလား။
뽀 제 떽따대 아캉 마시부라

더 작은 방이 편리할 것 같아요.
ပိုသေးတဲ့အခန်းကအဆင်ပြေပါမယ်။
뽀떼대 아캉가 아싱삐예바매

이 방은 너무 좁군요.
ဒီအခန်းကျဉ်းလွန်းတယ်။
디아캉 찡 룽 대

저는 남향방이 좋아요.
ကျွန်တော့်အတွက်တောင်ဘက်လှည့်တဲ့
အခန်းကကောင်းပါတယ်။
짜노 아프왝 따웅백 흘래대 아캉가 까웅 바대

이 방에 묵을래요.
ဒီအခန်းမှာတည်းပါမယ်။
디아캉흐마때바매

는 소형 사륜차를 영업 택시로 많이 이용하고 있다. 택시 요금은 본래는 미터제이지만, 실제로는 행선지에 따라 흥정을 하여 결정한다. 요즈음에는 임대차 이용도 활발하여 자기 기호에 따라 차 종류도 선택하여 사용할 수 있다. 임대차를 이용하는 경우 운전수까지 딸려 나오기 때문에 아주 편리하다. 임대차도 거의 일

숙박

제 짐들을 갖다 주세요.
ကျွန်တော့်ပစ္စည်းတွေကိုယူခဲ့ပေးပါ။
짜노 뻿씨둬고 유개뻬바

얼마 동안 숙박하세요?
ဘယ်လောက်ကြာကြာတည်းပါမလဲ။
발라욱 짜자 때 바말래

일주일 정도예요.
တစ်ပတ်လောက်ပါပဲ။
다빳 라욱빠배

하루에 얼마예요?
တစ်ရက်ကိုဘယ်လောက်ကျမလဲ။
따잇액꼬 발라욱 짜말래

50불이에요.
ဒေါ်လာငါးဆယ်ပါ။
도라 응아재바

본 제품이다. 시골에서는 트럭을 개조하여 대중 교통 수단인 버스로 사용하고 있다. 정원은 한정되어 있지 않아 버스 위나 버스에 매달려 가는 모습들도 흔히 볼 수 있는데, 외국인들이 보기에는 매우 위험한 일이나 미얀마인들은 자연스럽게 타고 내리고 하고 있다. 시골에서는 또한 မြင်းလှည်း(밍흘래)라고 불리는 마

식사는 필요 없어요.
အစားအသောက်မလိုဘူး။
아싸아따욱 말로부

아침 식사만 있으면 돼요.
မနက်စာပဲရှိရင်တော်ပါပြီ။
마냑싸배 시잉 또바비

저녁 식사만 있으면 돼요.
ညစာပဲရှိရင်တော်ပါပြီ။
냐자배 시잉 또바비

점심 식사는 없어도 괜찮아요.
နေလယ်စာတော့မရှိလဲရပါတယ်။
네래자도 마시래 야바대

열이 있어서 방 안에서 식사를 하고 싶어요.
ဖျားနေလို့အခန်းထဲမှာစားချင်ပါတယ်။
퍄네로 아캉대흐마 싸징바대

차도 대중 교통 수단으로 많이 이용되고 있다. 미얀마의 대중 교통 수단 사정은 점점 나아지고는 있으나, 현 상황으로 보아서는 별로 좋지 않다. 도회지를 벗어난 교외의 도로 사정도 그다지 좋지 않다. 외국인들이 버스를 거의 이용하지 않는 것을 보면, 대중 교통 수단의 질적인 개선이 절대적으로 시급한 형편이다.

숙박

몸이 좋지 않아서 식당에 갈 수 없어요.
နေမကောင်းလို့ထမင်းစားခန်းကိုမသွားနိုင်ပါဘူး။
네마까웅로 타밍싸캉고 마똬나잉바부

아침 식사를 8시 정각에 갖다 주세요.
မနက်စာကိုရှစ်နာရီတိတိမှာယူလာပေးပါ။
마낵싸고 싯나이 띠디흐마 유라뻬바

저는 아침마다 과일을 원해요.
ကျွန်တော်မနက်တိုင်းအသီးလိုချင်ပါတယ်။
짜노 마낵따잉 아띠 로칭바대

오늘 어떤 먹을 과일이 있어요?
ဒီနေ့ဘာအသီးစားစရာရှိသလဲ။
디네 바아띠 싸자야 시달래

망고와 파파야가 있습니다.
သရက်သီးနဲ့သဘော်သီးရှိပါတယ်။
따이얙띠내 띵보디 시바대

미얀마의 양공역은 우리 나라의 서울역처럼 기차 전국망의 중심역이다. 양공역을 출발하여 지방으로 떠나는 열차를 상행 열차라는 뜻의 အဆန်ရထား(아상야타)라고 부르고, 지방에서 양공역에 도착하는 열차를 하행 열차라는 뜻의 အစုန်ရထား(아쏘웅야타)라고 부른다.

홍차를 준비해 줄래요?
လက်ဖက်ရည်စီစဉ်ပေးမလား။
라팩예 씨징 뻬말라

녹차를 준비해 주세요.
လက်ဖက်ရည်ကြမ်းစီစဉ်ပေးပါ။
라팩예장 씨징뻬바

커피를 마시고 싶어요.
ကော်ဖီသောက်ချင်ပါတယ်။
꼬피 따욱 칭바대

냉수를 마시고 싶어요.
ရေအေးသောက်ချင်ပါတယ်။
예에 따욱 칭바대

따뜻한 물 조금 갖다 주세요.
ရေနွေးနည်းနည်းယူလာပေးပါ။
예눼 내내 유라뻬바

미얀마에서 국내선 미얀마 항공을 이용할 때 미얀마인들은 현지 화인 ကျပ်(짭)으로 지불하게 되어 있지만, 외국인들은 그 값을 달라로 지불하게 되어 있다. 따라서, 외국인의 국내선 항공 요금은 만만치 않은 가격이다.

외국 여행을 할 때 제일 어려운 일은 여행국의 음식에 얼마나 잘

숙박

우리들만을 위한 전용 식당을 원해요.
ကျွန်တော်တို့အတွက်သီးသန့်ထမင်းစားခန်း လိုချင်ပါတယ်။
짜노도 아뜨왝 띠땅 타밍싸캉 로칭바대

욕실 물을 다소 뜨겁게 해 주세요.
ရေချိုးခန်းရေကိုခပ်ပူပူလုပ်ပေးပါ။
예초강예고 캅뿌부 로웁뻬바

비누와 수건이 넉넉하지 않아요.
ဆပ်ပြာနဲ့မျက်နှာသုတ်ပဝါမလုံလောက်ဘူး။
삽빠내 미액흐나또웃빠와 말로웅라웈푸

제게 온 편지는 없어요?
ကျွန်တော့်အတွက်စာမရှိဘူးလား။
짜노 아뜨왝 싸 마시부라

필기구를 갖다 주세요.
စာရေးစရာပစ္စည်းတွေကိုယူခဲ့ပေးပါ။
싸예자야뼛씨돼고 유캐뻬바

적응하느냐 하는 문제이다. 사람마다 식성이 다르기 때문에 여행국의 음식이 자기 입에 맞지 않을 수 있기 때문이다.
입맛이 까다로워 여행할 때에도 매번 한식만을 고집하는 경우를 종종 본다. 하지만 여행할 때 여행국의 색다른 음식 문화를 접한다는 것은 좋은 기회로서 여간 즐거운 일이 아닐 수 없다.

편지지와 볼펜이 필요해요.
စာရေးစက္ကူနဲ့ဘောပင်လိုချင်ပါတယ်။
싸예쌕꾸내 보뼁 로칭바대

여기에 두세요.
ဒီမှာထားပါ။
디흐마 타바

바늘과 하얀 실이 필요해요.
အပ်နဲ့အပ်ချည်အဖြူလိုချင်ပါတယ်။
압내 압치아퓨 로칭바대

튼튼한 검은 실을 주세요.
အပ်ချည်အနက်ခိုင်ခိုင်ပေးပါ။
압치아넥 카잉가잉 뻬바

저에게 '미얀마 알링' 신문을 갖다 주세요.
ကျွန်တော့်ကိုမြန်မာအလင်းသတင်းစာယူခဲ့ပေးပါ။
짜노고 미얀마알링 다딩자 유걔뻬바

미얀마 요리도 쌀을 주식으로 하는 식단으로 한국 사람의 입맛에 크게 벗어나지는 않는다. 다만, 경우에 따라서 향료를 넣어 특유의 향내 나는 음식이 있기는 하지만, 식당에서 주문할 때 별도로 미리 주문만 하면 별문제는 없다.
열대 및 아열대 지역으로서 지리적 특성 관계로 동남아시아 음식

잠자리가 너무 딱딱해요.
အိပ်ရာကသိပ်မာပါတယ်။
에입야가 떼입 마바대

잠자리를 바꿔 주세요.
အိပ်ရာကိုလဲပေးပါ။
에입야고 래뻬바

담요와 요를 매일 갈아 주세요.
စောင်နဲ့အိပ်ရာခင်းကိုနေ့တိုင်းလဲပေးပါ။
싸웅내 에입야깅고 네다잉 래뻬바

담요가 한 장 더 필요해요.
စောင်နောက်ထပ်တစ်ထည်လိုချင်ပါတယ်။
싸웅 나욱탑 따태 로칭바대

모기장이 필요해요.
ခြင်ထောင်လိုချင်ပါတယ်။
칭다웅 로칭바대

이 대개 그렇듯이, 미얀마 음식도 요리할 때 기름을 많이 사용한다. 쇠고기, 돼지고기, 닭고기, 오리고기, 염소고기, 생선, 야채 등을 기름에 튀기거나 굽거나 하여 만든다. 따라서, 한국인들의 입맛에는 그러한 음식들이 느끼하게 느껴질 수도 있다.
더운 날씨 탓으로 땀을 많이 흘리기 때문에 이러한 음식들을 섭

열쇠를 잃어 버렸어요.
သော့ပျောက်သွားပြီ။
또 빠욱 똬 비

저에게 손님이 올 거예요.
ကျွန်တော့်ဆီကိုညည်သည်လာလိမ့်မယ်။
짜노지고 애대 라 레잉매

누군가 오면 그에게 잠깐 기다리라고 말해 주세요.
တစ်ယောက်ယောက်လာရင်သူကိုခဏ
စောင့်ဖို့ပြောပေးပါ။
따야욱야욱 라잉 뚜고 카나 싸웅보 뾰뻬바

누군가 오면 그에게 잠깐 기다리라고 말해 주세요.
တစ်ယောက်ယောက်လာရင်သူကိုခဏ
စောင့်ပါလို့ပြောပေးပါ။
따야욱야욱 라잉 뚜고 카나 싸웅바로 뾰뻬바

곧 바로 내려 갈게요.
ချက်ချင်းဆင်းလာခဲ့မယ်။
책칭 싱라 개매

취해야만 그곳 사람들은 체력을 유지 할 수 있는 것이다.
미얀마는 어패류가 풍부하기 때문에 우리 나라에서는 비싼 왕새우, 게 등을 저렴한 가격으로 맛볼 수 있는 장점도 있다. 그러나 미얀마인들은 생선을 회로 해서 날것으로 먹는 일은 즐겨하지 않는다.

숙박

통역이 필요해요.
စကားပြန်လိုချင်ပါတယ်။
자가비양 로징바대

그것을 어디 가서 말해야 하나요?
အဲဒါကိုဘယ်မှာသွားပြောရမလဲ။
애다고 배흐마 똬 뾰야말래

곧 바로 통역을 보내 주세요.
ချက်ချင်းစကားပြန်လွှတ်ပေးပါ။
책칭 자가비양 흘룻뻬바

여기 영어 말할 수 있는 사람 있어요?
ဒီမှာအင်္ဂလိပ်လိုပြောတတ်တဲ့လူရှိပါသလား။
디흐마 잉가레입로 뾰닷때루 시바달라

곧 바로 통역을 보내 주세요.
ချက်ချင်းစကားပြန်လွှတ်ပေးပါ။
책칭 자가비양 흘룻뻬바

수도인 양공에는 미얀마 요리뿐만 아니라, 서양 요리, 중국 요리, 인도 요리, 태국 요리, 일본 요리 전용 식당들이 있어 음식 걱정은 하지 않아도 좋다. 특히, 중국인들이 많이 거주하고 있어 중국 요리 음식점들은 아주 많다. 한국 식당도 몇 군데 있어 한국 관광객들의 인기를 얻고 있다.

즉시 통역을 보내 드리겠습니다.
ချက်ချင်းစကားပြန်လွှတ်ပေးပါ့မယ်။
책칭 자가비양 흘룻뻬바매

제 옷을 다리미질해 주세요.
ကျွန်တော့်အဝတ်အစားကိုမီးပူတိုက်ပေးပါ။
짜노 아우엇으앗싸고 미부따익뻬바

이 와이샤츠와 바지를 세탁소에 맡겨 주세요.
ဒီရှပ်အင်္ကျီနဲ့ဘောင်းဘီကိုပင်းမင်းဆိုင်ပို့ပေးပါ။
디샵잉치내 바웅비고 삥밍자잉 뽀뻬바

이것을 드라이 클리닝해 주세요.
ဒီဟာကိုအခြောက်လျှော်ပေးပါ။
디하고 아차욱쇼 뻬바

가능하면 빨리 해 주세요.
အတတ်နိုင်ဆုံးမြန်မြန်လုပ်ပေးပါ။
아땃나잉조웅 먄먄 로웁 뻬바

미얀마인들은 쇠고기보다는 돼지고기나 닭고기를 더 즐겨 먹는다. 값도 우리 나라와는 달리 닭고기가 제일 비싸고, 돼지고기와 쇠고기는 거의 같은 수준이다. 논농사에 소를 많이 이용하기 때문에 소를 은혜의 동물로 간주하여 일부 미얀마인들은 아예 쇠고기를 입에 대지도 않는다.

이발소는 어디예요?
ဆံပင်ညှပ်ဆိုင်ဘယ်မှာလဲ။
자빙흐니얍사잉 배흐마래

이발해 주세요.
ဆံပင်ညှပ်ပေးပါ။
자빙흐니얍 뻬바

이러한 스타일로 잘라 주세요.
ဒီလိုပုံမျိုးညှပ်ပေးပါ။
디로뽀웅묘 흐니얍 뻬바

면도해 주세요.
မုတ်ဆိတ်ရိတ်ပေးပါ။
모웃세잇예잇 뻬바

파마를 해 주세요.
ဆံပင်ကောက်ပေးပါ။
자빙 까욱 뻬바

미얀마는 풍부한 문화 유산과 약 2,000km에 달하는 해변 등 관광 산업에 많은 잠재력을 가지고 있지만, 지난 26년간의 버마식 사회주의하에서 철저히 고립되어 관광 산업이 제대로 발전되지 못했다. 하지만 미얀마 군사 정부는 1989년부터 관광산업 발전을 위해 본격적인 노력을 기울이고 있다. 그리하여 그 정책의 일

머리를 감겨 주세요.
ခေါင်းလျှော်ပေးပါ။
가웅 쇼 뻬바

얼굴을 마사지해 주세요.
မျက်နှာကိုနှိပ်ပေးပါ။
미액흐나고 흐네입 뻬바

손톱에 매니큐어해 주세요.
လက်သည်းဆိုးပေးပါ။
랙때 소 뻬바

내일 아침 일찍 출발하지 않으면 안 돼요.
မနက်ပြန်မနက်စောစောမထွက်လို့မဖြစ်ဘူး။
마넥피양 마낵쏘초 마트왝로 마핏퓨

제가 몇 시에 깨워 드리면 좋을까요?
ကျွန်တော်ဘယ်အချိန်မှာနှိုးရပါမလဲ။
짜노 배아체잉흐마 흐노야바말래

환으로 2주이던 관광 비자를 4주로 연장하였고, 6년 전인 1996년을 미얀마 방문의 해로 정하여 많은 관광객을 유치하려고 힘을 썼으며, 21세기에는 미얀마 최대의 산업으로 관광 산업을 육성, 미얀마를 국제적인 관광국으로 만들려고 현재 온갖 힘을 기울이고 있다.

숙박

5시 반경에 저를 깨워 주세요.
ငါးနာရီခွဲလောက်မှာကျွန်တော့်ကိုနိုးပေးပါ။
응아나이괘라욱흐마 짜노고 흐노빼바

오늘 여행 떠나요.
ဒီကနေ့ခရီးထွက်မယ်။
디가네 카이트왝매

짐들을 역까지 운반해 주세요.
ပစ္စည်းတွေကိုဘူတာရုံအထိသယ်ပေးပါ။
뻣씨돼고 부다요웅아티 때뻬바

택시를 불러 주세요.
တက္ကစီခေါ်ပေးပါ။
땍까씨 코 뻬바

택시 한 대 불러 주세요.
တက္ကစီကားတစ်စီးခေါ်ပေးပါ။
땍까씨까 다씨 코 뻬바

식사

미얀마는 불교가 비록 국교는 아닐지라도 전(全)인구의 89% 이상이 불교 신자이고, 천 년 이상 불교를 숭상해 온 불교국이다. 그리하여 대부분의 관광 명소가 불탑인 파고다와 사찰 등의 불교

음식점은 어디에 있어요?
စားသောက်ဆိုင်ဘယ်မှာရှိသလဲ။
싸따욱사잉 배흐마 시달래b

찻집은 어디예요?
လက်ဖက်ရည်ဆိုင်ရှိသလား။
라팩예자잉 시달라

몇 시에 식사를 할 수 있어요?
ဘယ်အချိန်ထမင်းစားလို့ရမလဲ။
배아체잉 타잉싸 로야말래

여기 커피와 과자만 준비해 줄 수 있어요?
ဒီမှာကော်ဖီနဲ့မုန့်ပဲစီစဉ်ပေးနိုင်မလား။
디흐마 쿄피내 모웅빼 씨징뻬나잉말라

네, 괜찮습니다.
ဟုတ်ကဲ့၊ ရပါတယ်။
호웃깨 야바대

유적들로 되어 있는데, 현재 미얀마에는 약 450만 개의 파고다가 있는 것으로 알려지고 있다. 미얀마의 상징인 쉐다고웅 파고다가 있는 수도 양공을 비롯해서, 세계에서 가장 큰 파고다와 불상이 있는 바고, 세계에서 가장 큰 불경이 있는 미얀마 제 2의 도시 만달레, 불교 성지로 부각되고 있는 바강과 아름다운 호수 잉레 레이크가 있는 따웅지 등은 미얀마의 관광 명소로서 꼭 가 볼 만한

식사

여기에서 점심을 먹을까요?
ဒီမှာနေ့လယ်စားစားကြရအောင်လား။
디흐마 네래자 싸 차야아웅라

저는 창문 옆의 테이블이 좋아요.
ကျွန်တော်ပြတင်းပေါက်နားကစားပွဲကိုကြိုက်တယ်။
짜노 바딩바욱 나가 자빼고 짜익대

메뉴 보여 주세요.
မီနူးပြပါ။
미누 빠바

메뉴 갖다 주세요.
စားသောက်စာရင်းယူခဲ့ပါ။
싸따욱싸잉 유캐바

메뉴 갖다 주세요.
ဟင်းအမည်စာရင်းယူလာပါ။
힝아미싸잉 유라바

곳으로 손꼽히고 있다. 미얀마 정부는 파고다나 공원 등에서 외국인에게는 달러로 입장료를 받고 있다. 또한, 커다란 카메라를 가지고 들어가면 사진 촬영비를 별도로 받고 있다. 미얀마는 파고다의 나라, 불교의 나라답게 도처에 황색 승복을 입은 승려들을 쉽게 볼 수 있는데, 승려에 대한 기본적인 예의를 갖추어야 할 뿐만 아니라, 사원을 방문할 경우에 복장이 단정해야 입장이 가능

메뉴 갖다 주세요.
ဟင်းလျာစာရင်းယူလာခဲ့ပါ။
힝야싸잉 유라개바

요리는 몇 종류나 있어요?
ဟင်းအမည်ဘယ်နှမျိုးလောက်ရှိသလဲ။
힝아매 배흐나묘라욱 시달래

이 메뉴에서 고르세요.
ဒီမီနူးထဲကရွေးပါ။
디미누대가 유에바

좋아하는 음식을 주문하세요.
ကြိုက်တာမှာပါ။
짜익따 흐마바

정식 주세요.
တစ်ပွဲပြင်ပေးပါ။
다봬 삥뻬바

한 것도 유념해야 한다. 파고다에 입장할 때에는 반드시 신을 벗어야 하는 것도 명심해야 한다. 수도 양공에는 쉐다고웅 파고다 외에도 시내 중앙에 있는 술레 파고다, 미얀마 왕조의 유물들이 보관되어 있는 국립 박물관, 우리 나라의 남대문 시장과 흡사한 아웅상 마켓, 1983년 아웅상 묘소 폭발 사건으로 유명했던 아웅

모듬 튀김 1인 분 주문할게요.
အကြော်စုံတစ်ပွဲမှာမယ်။
아쪼조웅 다뺴 흐마매

새우 튀김 있어요?
ပုစွန်ကြော်ရှိသလား။
바중조 시달라

이것을 조금 더 주세요.
ဒါကိုနည်းနည်းပိုပေးပါဦး။
다고 내내 뽀 뻬 바오웅

빵을 주세요.
ပေါင်မုန့်ပေးပါ။
빠웅모웅 뻬바

로스트 치킨 주세요.
ကြက်သားကင်ပေးပါ။
쨱따킹 뻬바

상 묘소 등의 관광 명소가 있다. 그리고 미얀마 제2의 도시 만달레, 바강, 바고, 따웅지, 지금은 이름이 삥우르윙으로 바뀐 메묘 등은 미얀마 지방 도시들 중에서도 꼭 가 볼 만한 곳들이다. 미얀마의 경제 사정상 교통이 원활하지 않아 지방 여행을 할 때에는 사전에 미리 여러 인포메이션을 숙지할 필요가 있다.

야채 샐러드를 주세요.
ဟင်းရွက်စုံသုပ်ပေးပါ။
힝유액쏘웅도웁 뻬바

생선 튀김이 먹고 싶어요.
ငါးကြော်စားချင်ပါတယ်။
응아조 싸칭바대

야채를 많이 가져오세요.
ဟင်းသီးဟင်းရွက်များများယူခဲ့ပါ။
힝디힝유액 먀먀 유개바

계란 후라이를 원해요.
ကြက်ဥကြော်လိုချင်ပါတယ်။
짹우조 로칭바대

토스트도 원해요.
ပေါင်မုန့်မီးကင်လဲလိုချင်ပါတယ်။
빠웅모웅미킹래 로칭바대

식사

미얀마에는 사진 촬영 금지 구역이 더러 있기 때문에 사진을 찍을 때에는 주의를 해야 한다. 그리고 곳에 따라서는 커다란 카메라를 가지고 들어가면 사진 촬영비를 별도로 받고 있기 때문에 이 점도 주의해야 한다. 필름을 미얀마에서 구입할 경우에는 수입품이라 비싸기 때문에 한국에서 필요한 양만큼 가져가는 것도

저에게 잘 드는 나이프를 주세요.
ကျွန်တော့်ကိုဓားထက်ထက်ပေးပါ။
짜노고 다택택 뻬바

스푼이 필요해요.
ဇွန်းလိုချင်ပါတယ်။
중 로징바대

포크도 필요해요.
ခက်ရင်းလဲလိုချင်ပါတယ်။
카잉래 로징바대

이 굴 튀김 아주 맛이 있어요.
ဒီကမာကြော်စားလို့သိပ်ကောင်းပါတယ်။
디까마초 싸로 떼입 까웅바대

이 게 튀김도 아주 맛이 있어요.
ဒီကဏန်းကြော်လဲစားလို့အင်မတန်မြိန်ပါတယ်။
디가낭초래 싸로 잉마땅 몌잉바대

현명한 처사이다. 양공 시내를 걷노라면 곳곳에 영화 간판이 크게 걸려져 있는 영화관이 자주 눈에 뜨인다. 그리고 줄을 서서 기다리는 관람객들을 흔히 보게 된다. 미얀마 영화를 비롯하여 미국 영화, 인도 영화 등, 영화는 미얀마에서 아주 인기 있는 오락물로 꼽히고, 배우라는 직업도 젊은이들의 선망이 되는 직업이다.

이 요리는 맛이 어때요?
ဒီဟင်းအရသာဘယ်လိုလဲ။
디힝 아야다 배로래

맛이 있어요.
အရသာရှိပါတယ်။
아야다 시바대

맛이 있고 말고요.
အရသာရှိတာပေါ့။
아야다 시다뽀

별로 맛이 없어요.
အရသာသိပ်မရှိပါဘူး။
아야다 떼입 마시바부

닭고기 요리를 먹을래요?
ကြက်သားဟင်းစားမလား။
쨱따힝 싸말라

96 여행 미얀마어 회화

미얀마의 텔레비전 방송은 현재 미얀마 텔레비전과 먀와디 텔레비전, 이렇게 2개의 방송이 흘러나오고 있다. 모두 국영 방송인데, 특히 먀와디 텔레비전은 국군 방송이다. 평일의 방송 시간은 미얀마 텔레비전의 경우는 오후 4시부터 대개 자정까지이고, 먀와디 텔레비전은 오전 7시부터 오전 11시까지이다. 미얀마인들은 축

닭고기 요리를 먹고 싶지 않아요.
ကြက်သားဟင်းမစားချင်ပါဘူး။
쨋따힝 마싸칭바부

돼지고기 요리를 먹고 싶어요.
ဝက်သားဟင်းစားချင်ပါတယ်။
왝따힝 싸칭바대

쇠고기 볶음은 어때요?
အမဲသားကြော်ဘယ်လိုလဲ။
아매다초 배로래

쇠고기 볶음도 원해요.
အမဲသားကြော်လလိုချင်ပါတယ်။
아매다조래 로칭바대

그렇지만, 양고기는 싫어요.
ဒါပေမဲ့ဆိုးသားကိုတော့မကြိုက်ပါဘူး။
다베매 또다고도 마짜익빠부

구를 아주 좋아한다. 미얀마는 1970년대 중반까지 우리 나라에서 열렸던 박스컵 축구 대회에 참가하여 좋은 경기를 보여 주었으며, 좋은 성적을 거두기도 하였다. 미얀마의 전통 스포츠로서 공놀이 형식의 칭로웅이라는 운동이 있는데, 이는 남성들의 전통 놀이의 하나로 미얀마에서는 꽤나 인기 있는 종목으로 꼽힌다.

지금 볶음밥이 먹고 싶어요.
အခုထမင်းကြော်စားချင်ပါတယ်။
아쿠 타밍조 싸징바대

과일도 가져오세요.
သစ်သီးလဲယူခဲ့ပါ။
띳띠래 유개바

어떤 음료수를 드시겠어요?
ဘာဖျော်ရည်သုံးဆောင်ပါမလဲ။
바 표예 또웅사웅 바말래

어떤 음료수를 마실래요?
ဘာဖျော်ရည်သောက်မလဲ။
바 표예 따욱 말래

무엇을 마시고 싶으세요?
ဘာသောက်ချင်ပါသလဲ။
바 따욱 칭 바달래

98 여행 미얀마어 회화

여행을 하게 되면 여행국의 토산품이나 기타 기념품들을 사게 마련이다. 미얀마도 요즈음에는 기념품점이나 현대식 슈퍼 마켓 등이 많이 생겨 쇼핑하는 데는 아무런 지장이 없다. 다만, 그러한 물건들이 미얀마 토산품들을 제외하고서는 대부분 이웃 나라 태국이나 싱가폴 등지에서 들여온 수입품이라는 점이다.

아무 것도 마시고 싶지 않아요.
ဘာမှမသောက်ချင်ပါဘူး။
바흐마 마따욱칭바부

어떤 음료수가 있어요?
ဘာဖျော်ရည်ရှိသလဲ။
바 표예 시달래

오렌지 주스가 있어요.
လိမ္မော်သီးဖျော်ရည်ရှိပါတယ်။
레잉모디 표예 시바대

포도 주스가 있어요.
စပျစ်သီးဖျော်ရည်ရှိပါတယ်။
자빗띠 표예 시바대

딸기 주스가 있어요.
စထရောဘယ်ရီဖျော်ရည်ရှိပါတယ်။
싸타로배리 표예 시바대

미얀마는 루비, 사파이어, 제이드 및 남양 진주 등의 세계적 산지이다. 이들은 잉야 레이크 호텔 로비나 기타 시내의 외교관 전용 판매점 등의 정부 직영 판매점 및 아웅상 마켓 내의 개인 소매점에서 구입할 수 있다. 정부 직영 판매점의 경우 달라로만 구입이 가능하고, 개인 소매점의 경우에는 현지화인 짭으로 구입할 수

사과 주스가 있어요.
ပန်းသီးဖျော်ရည်ရှိပါတယ်။
빵디 표예 시바대

토마토 주스는요?
ခရမ်းချဉ်သီးဖျော်ရည်ကော။
카양징디 표예 고

지금 토마토 주스는 없어요.
အခုခရမ်းချဉ်သီးဖျော်ရည်မရှိပါဘူး။
아쿠 카양징디 표예 마시바부

바나나 주스도 없어요.
ငှက်ပျောသီးဖျော်ရည်လဲမရှိပါဘူး။
응아뾰디 표예래 마시바부

과자와 커피 주세요.
မုန့်နဲ့ကော်ဖီပေးပါ။
모웅내 꼬피 뻬바

있으나, 원칙적으로 정부 지정 공정 환전소에서 환전한 금액의 범위 내에서 구입한 물품에 한해서만 반출이 인정된다. 루비 등의 경우 모조품도 있으므로 주의할 필요가 있다. 미얀마 특유의 디자인으로 된 커피 세트, 쟁반, 담배 케이스 등의 은그릇도 잉야 레이크 호텔 로비 등에서 구입할 수 있다. 대나무로 제품 모형을

버터가 부족해요.
ထောပတ်မလုံလောက်ဘူး။
토밧 말롱라욱푸

치즈도 부족해요.
ဒိန်ခဲလဲမလုံလောက်ဘူး။
데잉개래 말롱라욱푸

설탕이 없어요.
သကြားမရှိပါဘူး။
다자 마시바부

소금이 필요해요.
ဆားလိုချင်ပါတယ်။
사 로칭바대

아이스크림 있어요?
ရေခဲမုန့်ရှိလား။
예개모웅 시달라

만들고 그 위에 칠을 입힌 락커 제품도 다양한 디자인의 품질이 있는데, 일반 가게 등에서 쉽게 구입할 수 있다. 중국산 찻잔, 램프류, 부처상 등 각종 골동품류를 취급하는 상점이 외국인 주택 주변 등에 다소 있으나, 모조품이 많으니 주의가 요망된다. 원칙적으로 부처상은 해외 반출이 금지되어 있다.

물 한 컵 가져오세요.
ရေတစ်ခွက်ယူခဲ့ပါ။
예 따크왝 유개바

홍차를 마시고 싶어요.
လက်ဖက်ရည်သောက်ချင်ပါတယ်။
라팩예 따욱칭 바대

우유를 마시고 싶어요.
နွားနို့သောက်ချင်ပါတယ်။
놔노 따욱칭 바대

맥주 한 병 가져오세요.
ဘီယာတစ်ပုလင်းယူလာပါ။
비야 다발링 유라바

위스키 한 병 가져오세요.
ဝီစကီတစ်ပုလင်းယူခဲ့ပါ။
위싸끼 다발링 유라바

식사

미얀마의 경우 정찰제가 아닌 일반 상점에서는 가격을 흥정하여 값을 깎는 지혜가 필요하다. 외국인에게는 터무니 없이 값을 부르는 경우가 많기 때문이다. 가장 간단한 회화로서 ဘယ်လောက်လဲ။(발라욱래)가 '값은 얼마예요?' 라는 뜻인데, 미얀마어로 말하면 금방 친숙해질 수 있을 것이다. 선물을 살 때에는 여행국

저에게 맥주 또 한 병 가져오세요.
ကျွန်တော့်အတွက်ဘီယာတစ်ပုလင်းထပ်ယူခဲ့ပါ။
짜노아뜨왝 비야 다발링 탑 유개 바

닭고기 요리를 더 주세요.
ကြက်သားဟင်းလိုက်ပွဲပေးပါ။
짹따힝 라익쁘왜 뻬바

이것은 깨끗하지 않아요.
ဒီဟာမသန့်ရှင်းဘူး။
디하 마땅싱부

이것은 신선하지 않아요.
ဒီဟာမလတ်ဆတ်ဘူး။
디하 마랏샷부

저는 이것을 주문하지 않았어요.
ကျွန်တော်ဒါကိုမမှာပါဘူး။
짜노 다고 마흐마바부

의 대표적인 특산품으로 값도 싸고 꼭 기념이 될 만한 것을 선택해야 할 것이다. 미얀마의 기념이 될 만한 특산품은 그다지 값이 비싸지 않아 부담이 가지 않기 때문에 즐거운 마음으로 쇼핑할 수 있어 좋다. 미얀마인들은 복장으로서 여자나 남자나 할 것 없이 대개 상의는 အင်္ကျီ(잉치), 하의는 လုံချည်(로웅치) 차림이다.

이것을 가져가세요.
ဒါကိုယူသွားပါ။
다고 유똬 바

이것은 너무 익었어요.
ဒီဟာနူးလွန်းတယ်။
디하 누 룽대

이것은 덜 익었어요.
ဒီဟာမကျက်တကျက်ချက်ထားတယ်။
디하 마짹다짹 짹타대

이것을 조금 더 구워 주세요.
ဒါကိုနည်းနည်းထပ်ကင်ပေးပါ။
다고 내내 탑 낑 뻬 바

이것은 너무 질겨요.
ဒီဟာမာလွန်းတယ်။
디하 마 룽 대

이 복장은 부유한 계층이나 서민층이나 그 옷감의 차이는 있을지언정 동일하다. 미얀마의 여성들은 서양식 화장을 거의 하지 않는다. 그 대신 သနပ်ခါး(따납카)라는 미얀마의 전통적인 화장품을 사용하여 피부 관리를 한다. 얼굴뿐만이 아니라 팔, 다리 등에도 바르기도 하는데, 이는 미용에 아주 효과가 있다고 한다.

이것은 너무 달아요.
ဒီဟာချို့လွန်းတယ်။
디하 초 룽 대

이것은 너무 짜요.
ဒီဟာငန်လွန်းတယ်။
디하 응안 룽 대

이것은 너무 매워요.
ဒီဟာစပ်လွန်းတယ်။
디하 쌉 룽 대

이것은 너무 시어요.
ဒီဟာချဉ်လွန်းတယ်။
디하 칭 룽 대

이것은 너무 써요.
ဒီဟာခါးလွန်းတယ်။
디하 카 룽 대

이것을 여자아이들은 물론 사내아이들도 즐겨 사용한다. 미얀마 인들은 쇼핑할 때 시장을 많이 이용한다. 일반 생활용품은 일반 시장이나 노점에서 쇼핑하는 것이 백화점이나 슈퍼 마켓에서 쇼핑하는 것보다 훨씬 저렴한 가격으로 구입할 수 있기 때문이다. 양공 시내에 시장이 많아 즐거운 저렴한 시장 쇼핑의 기회는 얼

이것은 너무 싱거워요.
ဒီဟာပေါ့လွန်းတယ်။
디하 뽀 룽 대

고춧가루를 가져오세요.
ငရုတ်သီးမှုန့်ယူလာပါ။
응아요웃띠흐모웅 유라바

후추도 필요해요.
ငရုတ်ကောင်းလဲလိုချင်ပါတယ်။
응아요웃까웅래 로징바대

이것은 차가워요.
ဒီဟာအေးတယ်။
디하 에대

이것은 뜨거워요.
ဒီဟာပူတယ်။
디하 뿌대

마든지 얻을 수 있다. 미얀마는 전반적으로 통신 시설이 구식인데다 노후화되어 있다. 그리고 우체국 및 전신 전화국의 수도 타국에 비하여 상대적으로 뒤져 있고, 현재 국내 전화기 보급율도 매우 낮은 상태이다. 따라서, 통신 시설에 대한 문제가 하루 속히 개선되어야 할 부문으로 지적되고 있다. 국제 전화도 이들 통신 부문에 대한 해외 회선이 아주 적어 국제 전화 서비스가 잘 이루어지지 않고 있기 때문에, 외부와의 통신이 매우 불편한 형편이

백포도주 한 병 가져오세요.
ဝိုင်အဖြူတစ်ပုလင်းယူခဲ့ပါ။
와잉아퓨 다발링 유개바

디저트로 무엇이 있어요?
အချိုပွဲအနေနဲ့ဘာများရှိပါသလဲ။
아초뺴 아네내 바먀 시바달래

너무 많이 먹었어요.
များလွန်းအားကြီးတယ်။
먀 룽아찌대

배가 불러요.
ဝပါပြီ။
와바비

청구서 주세요.
ဘီလ်ပေးပါ။
빌 뻬 바

구경

다. 교환수를 불러 국제 전화를 할 수는 있으나, 외부와의 회선이 극히 적어 양공에서 서울로 통화하고자 할 경우 신청 후 보통 2시간 정도는 기다려야 한다. 또한, 3분이면 통화가 끊어지기도 한

저희들은 시내를 둘러보고 싶어요.
ကျွန်တော်တို့မြို့ထဲလျှောက်လည်ချင်ပါတယ်။
짜노도 묘대 샤욱래 칭바대

오늘 밤 저희들에게 시내를 안내해 주시겠어요?
ဒီနေညကျွန်တော်တို့မြို့ထဲလမ်းပြပေးမလား။
디네야 짜노도 묘대 랑빠 뻬말라

이 도시에 관한 안내 책자를 보여 주세요.
ဒီမြို့နဲ့ပတ်သက်တဲ့လမ်းညွှန်စာအုပ်ပြပါ။
디묘내 빳땍때 랑흐늉싸오웁 빠바

저기에 무슨 특별한 것이 있어요?
ဟိုမှာထူးဆန်းတာတစ်ခုခုရှိပါသလား။
호흐마 투상다 따쿠쿠 시바달라

이곳은 무엇이라고 불러요?
ဒီနေရာဘာခေါ်သလဲ။
디네야 바 코달래

다. 서울에서 양공으로 국제 전화를 할 경우는 95(미얀마의 국제 코드), 1(양공 코드)을 돌리면 곧장 통화가 가능하다. 한편, 우체국의 경우도 그 수가 아주 적은 실정이기 때문에, 우편물의 외부로의 운송 서비스는 그다지 좋지 않은 형편이다. 책 등의 소포인 경우도 지금은 많이 완화되었지만, 우편물의 내용물을 일일이 검

이곳은 박물관이라고 해요.
ဒီနေရာဟာ ပြတိုက်လို့ခေါ်ပါတယ်။
디네야하 빠다익로 코바대

이 길은 무슨 길이에요?
ဒီလမ်းဘာလမ်းလဲ။
디랑 바랑래

이 길은 수레 파고다 길이에요.
ဒီလမ်းဆူးလေဘုရားလမ်းပါ။
디랑 수레 파야 랑 바

이 근처에서 버스를 탈 수 있어요?
ဒီအနီးအနားမှာ ဘတ်စကားစီးနိုင်သလား။
디 아니아나흐마 밧싸까 씨 나잉달라

네, 탈 수 있습니다.
ဟုတ်ကဲ့။ စီးနိုင်ပါတယ်။
호웃깨 씨나잉바대

사하기 때문에 운송 절차가 꽤나 까다로운 형편이다. 미얀마는 공중 전화가 설치되어 있는 곳이 매우 적기 때문에, 밖에서 급히 연락을 해야 하는 경우에는 여간 불편하지가 않다. 그러나 요즈음에는 핸드폰 사용이 가능하여 부유층들은 이것으로 연락을 취한다. 한국과 미얀마간의 시차는 2시간 30분이기 때문에, 국제

항구 쪽으로 가는 길은 어느 길이에요?
ဆိပ်ကမ်းဘက်သွားတဲ့လမ်းဟာဘယ်လမ်းလဲ။
세입깡백 빡 대 땅 하배 랑 래

이 길을 가세요.
ဒီလမ်းကိုသွားပါ။
디랑고 똬 바

걸어서 갈 수 있어요?
ခြေကျင်သွားလို့ရသလား။
치징 똬 로야 달라

걸어서 갈 수 있습니다.
ခြေကျင်သွားလို့ရပါတယ်။
치징 똬 로야 바대

쉐다고웅 파고다 가는 길을 가르쳐 주세요.
ရွှေတိဂုံဘုရားသွားဖို့လမ်းပြပေးပါ။
쉐다고웅 파야 똬 보 랑 빠 뻬 바

전화를 할 경우에는 이 점 염두에 두어야 할 것이다. 전보는 단어 수에 따라서 요금을 지불하게 되어 있다. 미얀마의 국내 전보는 반드시 미얀마어이거나 영어를 사용하지 않으면 안 된다. 팩스인 경우에는 묵고 있는 호텔에서 얼마든지 서비스를 받을 수 있으므로 필요시 아무런 문제가 없다. 그렇기 때문에 한국인 사업가들

저기에 커다란 사자상이 보이죠?
ဟိုမှာခြေသေ့ရုပ်အကြီးကြီးတွေ့ရတယ်မဟုတ်
လား။
호호마 칭데요웁 아찌지 뛔야대 마호웃라

그것이 쉐다고웅 파고다예요.
အဲဒါရွှေတိဂုံဘုရားပါပဲ။
애다 쉐다고웅 파야 바배

이 길이 깡도지(로얄 레이크) 쪽으로 가는 길이에요?
ဒီလမ်းကကန်တော်ကြီးဘက်သွားတဲ့လမ်းပါ
လား။
디랑가 깡도지백 똬 대랑 바 라

그렇지 않아요. 이쪽 길로 가야만 해요.
မဟုတ်ဘူး။ ဒီဘက်ကလမ်းကိုသွားရမယ်။
마호웃푸 디백까 랑고 똬 야 매

죄송하지만, 이 길은 어디로 연결되어 있어요?
တစ်ဆိတ်လောက်၊ ဒီလမ်းဘယ်ကိုပေါက်မလဲ။
다셰잇라욱 디랑 배고 빠욱말래

은 팩스 사용을 걱정할 필요가 없다. 여행 중에는 각별히 신경을 써서 건강에 유의해야만 한다. 여행국의 기후 및 풍토가 달라서 자신의 체질에 다소 맞지 않을 수가 있기 때문이다. 미얀마의 경우도 4개월간에 걸치는 우기 및 고온다습한 기후로 말미암아, 체력이 약한 사람들에게는 적응이 조금 어려울 수도 있다. 그러나

어떤 곳을 보고 싶어요?
ဘယ်နေရာကိုကြည့်ချင်ပါသလဲ။
배네야고 찌징 바달래

이 근처에 있는 이름난 곳들을 보고 싶어요.
ဒီနားမှာရှိတဲ့ထင်ရှားတဲ့နေရာတွေကိုကြည့်ချင်ပါတယ်။
디나흐마 시대 팅샤대 네야웨고 찌징바대

버스로 찌밍다잉에 갈 수 있어요?
ဘတ်စကားနဲ့ကြည့်မြင်တိုင်ကိုသွားနိုင်မလား။
밧싸까내 찌밍다잉고 똬나잉말라

저는 길을 잃었어요.
ကျွန်တော်လမ်းမှားနေတယ်။
짜노 랑 흐마 네대

여기에서 사진 찍을 수 있어요?
ဒီမှာဓာတ်ပုံရိုက်လို့ရသလား။
디흐마 닷뽀웅 야익로야달라

물과 음식 등을 주의하여 건강에 신경을 쓰면 별탈은 없을 것으로 생각된다. 특히, 미얀마에서는 먹는 물에 주의해야만 한다. 미얀마의 수질은 극히 좋지 않아 외국인이 수돗물을 함부로 마시면 배탈이나 설사 등의 위험이 크기 때문이다. 따라서, 여행시 만일을 위하여 설사약 등의 가정 상비약을 준비하는 지혜가 필요하

찍을 수 있고 말고요.
ရိုက်တာပေါ့။
야익따뽀

여기에서 가장 가까운 영화관은 어느 곳이에요?
ဒီကနေအနီးဆုံးရုပ်ရှင်ရုံဘာရုံလဲ။
디가네 아니조웅 요웁싱요웅 바요웅래

가장 좋은 영화관은 어디에 있어요?
အကောင်းဆုံးရုပ်ရှင်ရုံဘယ်မှာရှိသလဲ။
아까웅조웅 요웁싱요웅 배흐마 시달래

여기에서 가까워요?
ဒီကနေနီးသလား။
디가네 니달라

똑바로 가세요.
တည့်တည့်သွားပါ။
때대 똬 바

다. 수도인 양공은 말라리아로부터 안전 지대이지만, 북부 밀림 지역 등은 안전지대가 아니기 때문에, 이 지역을 여행할 때에는 말라리아 예방약인 키니네를 사전에 반드시 복용해야만 한다. 미얀마는 전반적으로 의료 시설이 매우 빈약하며, 의약품도 다른 나라에 비하여 상대적으로 부족한 실정이다. 양공 주재 외교관들

저기에서 오른쪽으로 도세요.
ဟိုမှာညာဘက်ကွေ့ပါ။
호흐마 냐백 꿰 바

똑바로 가서 좌회전하세요.
တည့်တည့်သွားပြီးဘယ်ဘက်ကွေ့ပါ။
때대 똬 삐 배백 꿰 바

지금 어떤 영화를 상영하고 있어요?
အခုဘာရုပ်ရှင်ကိုပြနေသလဲ။
아쿠 바 요웁싱고 빠 네달래

미얀마 영화를 상영하고 있어요?
မြန်မာကားကိုပြနေသလား။
미얀마까고 빠 네달라

외국 영화를 상영하고 있어요.
နိုင်ငံခြားကားကိုပြနေပါတယ်။
나잉강자까고 빠 네바대

이 주로 이용하는 깡도지 병원에서 일반 외국인들도 치료를 받을 수 있는데, 병원 시설이 깨끗하고 의료진도 우수한 편이어서 한국인들도 미얀마에서 무슨 일이 있을 경우 많이 이용하고 있다. 여행할 때 피로해지면 쉽게 병이 나기 쉽다. 더구나 환경이 다른 외국에서는 더욱 그렇다. 미얀마는 병원과 의약품 등의 수준이

주빌리 홀(Jubilee Hall)의 연극은 몇 시에 시작해요?
ဂျူဗလီခန်းမဆောင်မှာပြဇာတ်ဘယ်အချိန်စ မလဲ။
주발리 캉마자웅흐마 빠쨧 배아체잉 싸말래

1시에 시작해요.
တစ်နာရီမှာစပါမယ်။
따나이흐마 싸바매

지금 가면 입장권을 살 수 있어요?
အခုသွားရင်လက်မှတ်ဝယ်နိုင်မလား။
아쿠 똬잉 랙흐맛 왜나잉 말라

입장권은 얼마예요?
ပွဲလက်မှတ်ဘယ်လောက်လဲ။
쁘왜랙흐맛 발라욱래

입장권 두 장 주세요.
လက်မှတ်နှစ်စောင်ပေးပါ။
랙흐맛 흐나싸웅 뻬바

낯기 때문에, 미얀마를 방문하거나 여행할 경우에는 반드시 감기약, 배탈약, 진통제, 소화제 등의 가정 상비약을 미리 준비해 가는 것이 좋다. 후진국의 일반적인 양상이지만, 미얀마도 소매치기나 좀도둑이 아주 많다. 따라서, 언제나 자신의 소지품에 신경을 써야 한다. 귀중품은 반드시 호텔 프론트에 맡기는 것이 안전하며,

---

여기 영어 프로그램.
ဒီမှာအင်္ဂလိပ်အစီအစဉ်စာရွက်။
디흐마 잉가레입 아씨아씽 싸유액

저는 무대 장치가 매우 마음에 들어요.
ကျွန်တော်ဇာတ်ခုံပြင်ဆင်ပုံကိုသိပ်သဘော
ကျပါတယ်။
짜노 짯코웅 뼁싱보웅고 떼입 다보짜바대

연극이 매우 재미있어요.
ဇာတ်ကြည့်လို့သိပ်ကောင်းပါတယ်။
짯 찌로 떼입 까웅 바대

드라이브하기에 좋은 곳 없을까요?
ကားလျှောက်စီးဖို့ကောင်းတဲ့နေရာမရှိဘူးလား။
까 샤욱씨보 까웅대 네야 마시부라

있고 말고요.
ရှိတာပေါ့။
시다뽀

여권을 분실하면 큰 문제가 발생하므로 이에 각별히 주의를 기울여야 한다. 미얀마도 요즈음에는 차량이 많이 증가하여 수도인 양공은 하루가 다르게 도시의 분위기가 달라지고 있다. 아직 한국과 같은 그러한 교통 체증까지는 심각하게 느끼지 못하나, 주차장의 부족으로 인하여 차량을 통한 도시의 비좁은 공간을 감지

저곳에 갖다오는 데 얼마나 걸릴까요?
ဟိုနေရာကိုအသွားအပြန်ဘယ်လောက်ကြာမလဲ။
호네야고 아똬아삐양 발라욱 짜말래

얼마나 멀어요?
ဘယ်လောက်ဝေးသလဲ။
발라욱 웨 달래

비용은 얼마 정도 들까요?
စရိတ်ဘယ်လောက်လောက်ကျမလဲ။
자예잇 발라욱 라욱 짜말래

지금 즉시 갑시다.
အခုချက်ချင်းသွားရအောင်။
아쿠 책칭 똬야아웅

자동차를 렌트할 수 있어요?
ကားငှားလို့ရမလား။
까 흥아 로야말라

할 수 있어, 교통 사고의 위험성도 배제할 수는 없게 되었다. 중류층 버마족 남성의 외출복은 전쟁 전이나 전쟁 후나 거의 변함없이 따익뽀웅잉지라는 긴소매의 길이는 허리보다 약간 길고 낙낙한 상의에, 하의는 치마 같은 로웅지를 허리에 두르는 것이 가장 일반적인 복장으로 되어 있다. 이 상의에는 단추도 단추 구멍도

영어를 할 수 있는 운전수를 보내 주세요.
အင်္ဂလိပ်လိုပြောတတ်တဲ့ကားမောင်းသမားလွှတ်ပေးပါ။
잉가레입로 뽀닷때 까마웅다마 흘룻 뻬 바

가장 재미있는 곳을 지나가 주세요.
ကြည့်လို့အကောင်းဆုံးနေရာကိုဖြတ်သွားပါ။
찌로 아까웅조웅 네야고 피얏 똬 바

좋은 찻집에서 멈춰 주세요.
လက်ဖက်ရည်ဆိုင်ကောင်းကောင်းမှာရပ်ပေးပါ။
라팍예자잉 까웅가웅 흐마 얖 뻬 바

식사하기에 적당한 곳을 찾아 주세요.
ထမင်းစားဖို့အဆင်ပြေမယ့်နေရာကိုရှာပေးပါ။
타밍싸보 아싱뻬예매 네야고 샤 뻬 바

우리들을 이상한 곳으로 데리고 가지 마세요.
ကျွန်တော်တို့ကိုမဟုတ်တဲ့နေရာခေါ်မသွားပါနဲ့။
짜노도고 마호웃때 네야 코 마똬 바 내

달려 있지 않다. 중국옷과 같이 같은 천조각을 극히 잘게 끈 모양으로 만든 것을 한쪽은 고리로, 다른 한쪽은 끝을 둥글게 하여 고리에 끼워 넣도록 꿰매어져 있는 것이다. 옷감은 튼튼한 무명을 즐겨 사용하고, 무늬는 없으며, 색깔은 보통 흑색, 백색, 회색 그리고 주황색 등이 일반적이다. 이 따익뽀옹잉지를 피부 위에 그

우리들은 밤 10시까지는 돌아가야만 해요.
ကျွန်တော်တို့ညဆယ်နာရီမထိုးခင်ပြန်ရမယ်။
짜노도 냐새나이 마토킹 삐앙야매

안심하세요.
စိတ်ချပါ။
쎄잇차바

이 지도를 보고 길을 안내해 주실래요?
ဒီမြေပုံကိုကြည့်ပြီးလမ်းညွှန်ပေးမလား။
디몌보웅고 찌삐 량흐늉 뻬 말라

이 길이 지름길이에요?
ဒီလမ်းဟာဖြတ်လမ်းလား။
디랑하 피얏랑 라

따웅지에 좋은 호텔 있어요?
တောင်ကြီးမှာဟိုတယ်ကောင်းကောင်းရှိပါသလား။
따웅지흐마 호때 까응가웅 시 바 달라

냐 직접 걸치는 일은 없이, 목에 달라붙고 폭이 좁은 목닫이 모양의 서 있는 옷깃이 달린 와이셔츠를 속에 입는다. 이 위에 옷깃이 없는 따익뽀옹잉지를 입으면, 와이셔츠의 목닫이 부분만이 목 주위에 엿보이게 된다. 이것이 바로 버마족 남성용 상의의 정식 복장인 것이다. 한편, 하의인 로옹지 쪽은 위에 따익뽀옹잉지를 입

있고 말고요.
ရှိတာပေါ့။
시 다 뽀

좋은 한국 식당이 있어요?
ကိုရီးယားထမင်းဆိုင်ကောင်းကောင်းရှိပါသလား။
꼬리야 타밍자잉 까웅가웅 시 바 달라

한국 식당이 없어요.
ကိုရီးယားထမင်းဆိုင်မရှိပါဘူး။
꼬리야 타밍자잉 마시바부

그러나 중화요리점은 많이 있어요.
ဒါပေမဲ့တရုတ်ထမင်းဆိုင်တော့အများကြီးရှိပါ
တယ်။
다베매 따요웃타밍자잉도 아먀지 시바대

길 안내해 주셔서 감사해요.
လမ်းပြလုပ်ပေးတာကျေးဇူးတင်ပါတယ်။
랑뱌로웁 뻬 다 쩨주 띵 바 대

 **쇼핑**

고 있는 경우에는 상당히 튼튼한 고급 무명이나 실용적인 견직물을 입는다. 1950년대에는 방가욱 로웅지(여기에서 방가욱이란 이웃 나라 태국의 수도 방콕을 말하는데, 그 당시 방가욱 로웅지

저는 와이셔츠 한 벌 사고 싶어요.
ကျွန်တော်ရှပ်အကျီတစ်ထည်ဝယ်ချင်ပါတယ်။
짜노 샵잉지 따태 왜 칭 바 대

속옷도 팔아요?
စွပ်ကျယ်လဲရောင်းသလား။
쑵째래 야웅 달라

어디에서 살 수 있어요?
ဘယ်မှာဝယ်လို့ရသလဲ။
배흐마 왜 로야 달래

그것 값이 너무 비싸B군요.
အဲဒါဈေးကြီးလွန်းတယ်။
애다 제 찌 룽 대

값이 더 싼 것을 주세요.
ပိုဈေးသက်သာတာကိုပေးပါ။
뽀 제 땍따 다 고 뻬 바

는 값도 비싸고 품질도 좋아 부유층들에게 인기가 많았음)라고 불렸던 남성 전용의 비단 로웅지가 실용과 멋을 겸하는 것으로서 소중하게 즐겨 사용되었었다. 그러나 최근에 이 로웅지는 거의 볼 수 없게 되었지만, 그 대신 라카잉이나 강고 방직의 튼튼한 고급 면직물이 널리 사용되고 있다. 빠소라고 불리는 이 남성용 로웅지의 입는 방법은 어떠한 경우에도 허리 둘레의 2-3배 정도 되는 길이의 옷감을 통 모양으로 꿰매 잇고, 통 안에 몸을 집어넣어

더 큰 것을 원해요.
ပိုကြီးတာကိုလိုချင်ပါတယ်။
뽀 찌다고 로징바대

더 작은 것을 원해요.
ပိုသေးတာကိုလိုချင်ပါတယ်။
뽀 떼다고 로징바대

더 좋은 것 없어요?
ပိုကောင်းတာမရှိဘူးလား။
뽀 까웅다 마시부라

그밖의 것을 보여 주세요.
ဒီပြင်ဟာကိုပြပါ။
디삥하고 빠바

이러한 종류의 것 또 있어요?
ဒီလိုဟာမျိုးရှိသေးသလား။
디로하묘 시 데달라

뒷면을 꼭 몸에 붙인 다음, 남은 부분을 앞으로 바짝 대고 자신의 복부 중앙에서 비틀어 쥐어 로웅지 안쪽으로 틀어 집어넣는다. 벨트 같은 것 등은 전혀 매지 않고, 다만 느슨해지면 수시로 양손으로 통을 펴서 다시 졸라맬 뿐이다. 상상 외로 맨 부분이 단단하여 버마족들은 우산이나 지갑 같은 것들도 로웅지 뒤쪽, 다시 말

그것이 저는 마음에 들어요.
အဲဒါကိုကျွန်တော်သဘောကျပါတယ်။
애다고 짜노 다보짜 바대

이것 모두 제 마음에 들어요.
ဒါတွေအားလုံးကျွန်တော်ကြိုက်ပါတယ်။
다뒈아로웅   짜노 짜익빠대

이것은 그다지 제 마음에 들지 않아요.
ဒါကျွန်တော်သိပ်မကြိုက်ပါဘူး။
다 짜노 떼입 마짜익빠부

이것은 깨져 있어요.
ဒီဟာပျက်နေတယ်။
디하 삐얘액 네대

바꿔 주실래요?
လဲပေးမလား။
래 뻬 말라

하면 등 쪽에 끼워넣은 상태로 거리를 활보하고 다닌다. 맨 부분이 쉽게 풀어질 것으로 생각이 되지만, 상상 외로 단단한 것이 미얀마 로웅지의 특징이기도 하다. 육체 노동에 종사하는 남성의 의복은 더욱 간단하여 상반신에는 아무 것도 걸치지 않거나, 걸쳐도 목이 둥근 메리야스나 런닝셔츠 정도이다. 땀이 많이 나는

저것을 보여 주세요.
ဟိုဟာကိုပြပါ။
호하고 빠바

비단 로웅지 보여 주세요.
ပိုးလုံချည်ပြပါ။
뽀로웅지 빠바

이것을 입어 볼게요.
ဒါကိုဝတ်ကြည့်မယ်။
다고 우엇 찌매

이것은 무명이에요?
ဒါချည်ထည်လား။
다 치대 라

아니예요. 그것은 순비단이에요.
မဟုတ်ပါဘူး။ အဲဒါပိုးအစစ်ပါ။
마호웃빠부 애다 뽀아싯빠

더운 날씨에 육체 노동을 하려면 몸이 간편하고 날렵해야 하기 때문에, 로옹지도 얇고 값 싼 무명이 보통이다. 버마족 여성 상의용 잉지는 길이가 빠듯이 허리 정도로 짧은 점, 단추를 사용하는 점 등이 남성용 잉지와 차이가 있다. 1950년대 전후(前後)의 여성용 잉지에도 가슴의 맞부딪치는 곳에 같은 천조각의 극히 잘잘

이것을 살게요.
ဒါကိုဝယ်ပါမယ်။
다고 왜 바매

이것을 주세요.
ဒါကိုပေးပါ။
다고 뻬 바

값이 얼마예요?
ဈေးဘယ်လောက်လဲ။
쩨 발라욱 래

어디에서 돈을 지불해요?
ဘယ်မှာငွေပေးရမလဲ။
배흐마 응웨 뻬 야말래

값을 조금 깎을 수 있어요?
ဈေးနည်းနည်းလျှော့နိုင်မလား။
쩨 내내 쇼 나잉 말라

한 끈이 5군데 꿰매어져 있었지만, 양쪽 모두 고리로 되어 있어 한쪽에 단추를 달아 다른 한쪽의 고리에 걸었었다. 당연히 단추에는 뒤에 금속성의 원형 고리가 붙어 있지 않으면 안 되었다. 로웅지의 무늬나 색깔에 어울리는 색의 단추를 매일 바꾸는 재미가 버마족 여성들의 멋이었던 것이다. 부유층들은 비취나 루비 등

값을 조금 깎아 주세요.
ဈေးနည်းနည်းလျှော့ပေးပါ။
제 내내 쇼 뻬 바

거스름돈이 틀려요.
ပြန်အမ်းငွေမှားနေတယ်။
삐양앙응웨 흐마 네대

따익뽀웅잉지 있어요?
တိုက်ပုံအင်္ကျီရှိပါသလား။
따익뽀웅잉지 시바덜라

더 옅은 색을 원해요.
ပိုနုတဲ့အရောင်ကိုလိုချင်ပါတယ်။
뽀 누대 아야웅고 로징바대

더 진한 색을 원해요.
ပိုရင့်တဲ့အရောင်ကိုလိုချင်ပါတယ်။
뽀 잉대 아야웅고 로징바대

보석으로 단추 세트를 만들어서 달기도 하였다. 유리로 된 단추도 상당히 인기가 있었다. 또한, 종래 여성용 잉지는 투명한 것이 인기가 있어 제 2차 세계 대전 전에는 실크 오간디(Silk Organdy)가, 나일론 옷감이 들어온 뒤부터는 나일론 레이스(Nylon Lace)지가 인기를 끌었었다. 디자인도 1950년대에는

이 디자인은 저에게 어울리지 않아요.
ဒီအဆင်ကျွန်တော်နဲ့မလိုက်ဘူး။
디 아싱 짜노내 말라익퓨

그 디자인으로 하겠어요.
အဲဒီအဆင်ကိုယူပါမယ်။
애디 아싱고 유바매

50 불 정도의 것을 보여 주세요.
ငွေငါးဆယ်တန်လောက်ဟာကိုပြပါ။
응웨 응아재당 라욱 하고 빠바

계약금은 얼마나 걸면 좋아요?
စရန်ငွေဘယ်လောက်ထားရင်ကောင်းမလဲ။
싸양응웨 발라욱 타 잉 까웅 말래

오늘 마추면 언제쯤 돼요?
ဒီကနေ့ချုပ်ရင်ဘယ်တော့လောက်ပြီးမလဲ။
디가네 쵸웁잉 배도라욱 삐말래

전통형, 차이나 칼라형, 긴소매, 반소매, 소매 없는 것 등 다양하였지만, 1960년대에 들어와서는 네윈 정권 시대에 소매 없는 것, 투명한 것 등의 육감적인 디자인은 금지되어 버렸다. 한편, 타메잉이라는 여성용 로웅지도 빠소라는 남성용 로웅지와 차이가 있는데, 허리 부분에 폭 12, 3cm의 검고 얇은 무명을 꿰매어 단

저는 비단 손수건을 사고 싶어요.
ကျွန်တော်ပိုးနဲ့လုပ်တဲ့လက်ကိုင်ပဝါဝယ်ချင်ပါတယ်။
짜노 뽀 내 로웁 때 랙까잉빠와 왜징바대

수 놓은 것 있어요?
ပန်းထိုးထားတာမျိုးရှိသလား။
빵 토 타 다 묘 시달라

네, 있습니다.
ဟုတ်ကဲ့၊ ရှိပါတယ်။
호웃깨 시바대

그것을 반 다스 주세요.
အဲဒါကိုဒါဇင်ဝက်ပေးပါ။
애다고 다징왝 뻬바

이것은 뭐예요?
ဒါဘာလဲ။
다바래

점, 로웅지를 입는 방법에 있어서, 로웅지 통 안에서 몸을 중앙이 아닌 좌우 어딘가에 바짝 대고 로웅지를 충분히 한쪽으로 끌어당긴 다음, 남은 부분이 복부 위에 씌워지도록 겹쳐서 반대쪽의 겨드랑이에 끝을 비틀어 끼우는 점 등이 남성과 다르다. 여기에서 검고 얇은 무명이 단단히 죄는 역할을 한다. 결국 신체의 앞면에

그것은 상아 귀걸이예요.
အဲဒါဆင်စွယ်နားကပ်ပါ။
애다 싱째 나갑 빠

매우 아름다워요.
သိပ်လှပါတယ်။
떼입 흘라 바대

상아 귀걸이 한 쌍 살게요.
ဆင်စွယ်နားကပ်တစ်ရန်ဝယ်မယ်။
싱째 나갑 따양 왜 매

목걸이를 보여 주세요.
ဆွဲကြိုးပြပါ။
쇄쪼 빠바

이것은 진주 목걸이예요.
ဒါပုလဲဆွဲကြိုးပါ။
다 빨래 쇄쪼 바

는 로옹지가 옷감이 3장 겹치고, 뒷면에는 한 겹이 되는 것이다. 그리고 찔 때에 안쪽으로 들어가는 부분의 허리에서는 앞부분이 뒷부분보다 처지지 않도록 능숙하게 몸에 달라붙게 한다. 여성용 로옹지도 남성용 로옹 지처럼 간단한 사각의 통으로 어디에도 다트(Dart) 등 꿰매지 않지만, 버마족 여성들은 허리의 잘록한 곡

루비 목걸이를 사고 싶어요.
ပတ္တမြား လည်ဆွဲဝယ်ချင်ပါတယ်။
바다먀 래쫴 왜징 바대

이 반지는 무엇으로 만들어 놓은 것이에요?
ဒီလက်စွပ်ဟာ ဘာနဲ့ လုပ်ထားတာလဲ။
디 랙쏩하 바내 로웁 타 다래

그것은 백금으로 만들어 놓은 것이에요.
အဲဒါ ရွှေဖြူနဲ့ လုပ်ထားတာပါ။
애다 쉐뷰내 로웁 타다바

가죽으로 만들어 놓은 가방을 보여 주세요.
သားရေနဲ့ လုပ်ထားတဲ့ အိတ်ကို ပြပါ။
따예내 로웁 타 대 에잇꼬 빠 바

저 가죽 가방을 보여 주세요.
ဟိုသားရေ အိတ် ပြပါ။
호 따예 에잇 빠 바

선미나 힙의 동그란 곡선미 등을 훌륭하게 잘 살려내고 있다. 또한, 여성용 로웅지는 지금이나 옛날이나 미얀마 국내 각 명승고적 무늬의 손으로 짠 비단 무명, 수입품 비단·무명 등 종류가 매우 다양하다. 최근에는 다림질이 필요 없는 화학 섬유류도 인기가 있고, 손으로 짠 복잡한 고급 견직물은 초고가로 팔리고 있다.

이 가죽 손가방은 조금 무거워요.
ဒီသားရေလက်ကိုင်အိတ်နည်းနည်းလေးပါတယ်။
디 따예 랙까잉에잇 내내 레 바 대

더 가벼운 것 없어요?
ပိုပေါ့တာမရှိဘူးလား။
뽀 뽀다 마시부라

이것은 잘 만들어졌군요.
ဒါကောင်းကောင်းလုပ်ထားပါတယ်။
다 까웅가웅 로웁 타 바 대

이것을 잘 포장해 주세요.
ဒါကိုကောင်းကောင်းထုပ်ပေးပါ။
다고 까웅가웅 토웁 뻬 바

이것을 이 주소대로 보내 주세요.
ဒါကိုဒီလိပ်စာအတိုင်းပို့ပေးပါ။
다고 디 레입싸 아따잉 뽀 뻬 바

쇼핑

이러한 버마족 의상의 기본적인 부분은 현재에도 커다란 차이가 없다. 특히, 남성의 의복은 거의 변화가 없고, 단지 양복을 입는 남성이 증가 추세에 있을 뿐이다. 여성에게 있어서 크게 변한 점은 잉지와 로웅지를 같은 천으로 짓거나, 잉지의 재단에도 버마식 재단이 아닌 서양식 재단을 사용한다는 점이다. 자유로이 붙

물건이 도착할 때 대금을 지불할게요.
ပစ္စည်းရောက်တဲ့အခါမှငွေရှင်းမယ်။
뻿씨 야욱 때 아카흐마 응웨싱매

이 상점에 인형 있어요?
ဒီဆိုင်မှာအရုပ်ရှိပါသလား။
디 사잉흐마 아요웁 시바달라

저 케이스 안에 들어 있는 인형을 보여 주세요.
ဟိုဘူးထဲမှာရှိတဲ့အရုပ်ကိုပြပါ။
호 부대흐마 시대 아요웁꼬 빠바

풍경화를 보여 주세요.
ရှုမျော်ခင်းပန်းချီကားပြပါ။
슈흐묘깅 바지까 빠 바

이것은 유명한 만달레 왕궁 모습이에요.
ဒီဟာနာမည်ကြီးတဲ့မန္တလေးနန်းတော်ပုံပဲ။
디하 나매 씨 대 망달레 낭도 뽀웅배

이고 뗄 수 있는 단추로 바뀌어 양복처럼 옷감에 어울리는 단추를 달게 되었다는 점이다. 서양식 블라우스를 로웅지 위에 그대로 입고 있는 사람도 늘고 있어, 한 번 보아서는 어느 민족인가 분간할 수 어렵게 되기도 하였다. 미얀마는 옛날부터 직물 공예가 발달했던 나라이다. 이러한 직물 공예 가운데, 미얀마 대표적 의

이것은 쉐다고웅 파고다를 그려 놓은 그림이에요.
ဒါရွှေတိဂုံဘုရားကိုဆွဲထားတဲ့ပန်းချီပါ။
다 쉐다고웅 파야고 쇄타대 바지바

이 그림은 짚으로 만들어져 있군요.
ဒီပန်းချီဟာကောက်ရိုးနဲ့လုပ်ထားပါတယ်နော်။
디 바지 하 까욱요 내 로웁 타 바 대 노

매우 재미있는 그림이에요.
သိပ်စိတ်ဝင်စားစရာကောင်းပါတယ်။
떼입 쎄잇웡자야 까웅 바 대

그림 엽서 있어요?
ပန်းချီပို့စကတ်ရှိပါသလား။
바지뽀싸깟 시바달라

몇 장 필요하세요?
ဘယ်နှချပ်လိုချင်ပါသလဲ။
배흐나찹 로징바달래

상인 로웅지는 오늘날에도 사람들이 항상 몸에 걸치고 있음으로써 미얀마인의 의생활에 중요한 비중을 차지하고 있다. 이러한 미얀마의 로웅지는 이웃 나라 인도의 영향을 받은 것인데, 미얀마인들은 남녀노소를 불문하고 남자는 빠소라고 불리는 남성용 로웅지를, 여자는 타메잉이라고 불리는 여성용 로웅지를 허리에

10장이에요.
ဆယ်ချပ်ပါ။
새잡빠

한 장에 10짭입니다.
တစ်ချပ်ကိုငွေတစ်ဆယ်ပါ။
따찹 꼬 응웨 따새 바

그렇다면, 모두 100짭이군요.
ဒီလိုဆိုရင်၊ အားလုံးငွေတစ်ရာပါနော်။
디로소잉 아로웅 응웨 따야 바 노

남성용품은 어디에 있어요?
ယောကျား သုံးပစ္စည်းတွေဘယ်မှာရှိသလဲ။
야옥짜 도웅 뻿씨돼 배흐마 시달래

그것은 위층에 있어요.
အဲဒါတွေအပေါ်ထပ်မှာရှိပါတယ်။
애다돼 아뽀답흐마 시바대

감는 형태로서 하의용으로 몸에 걸치고 있는 것이다. 일반적으로 시대의 변천과 함께 사람들의 복장은 다소라도 변화하고 있다. 그러나 미얀마에서는 옛날부터 쭉 사람들이 로웅지를 몸에 걸쳐 왔다. 그렇다면 과연 그 이유는 무엇일까? 그것은 로웅지가 미얀마의 기후에 아주 적합한 의복이기 때문이다. 여름에는 무덥고

양말을 사고 싶어요.
ခြေအိတ်ကိုဝယ်ချင်ပါတယ်။
치에잇꼬 왜징바대

이것 사이즈는 얼마예요?
ဒါအရွယ်ဘယ်လောက်လဲ။
다 아유애 발라욱래

여성용 양산 매장을 가르쳐 주세요.
မိန်းမသုံးထီးတန်းပြပေးပါ။
메잉마 도웅 티당 빠 뻬 바

그것은 아래층에 있어요.
အဲဒါအောက်ထပ်မှာရှိပါတယ်။
애다 아욱탑 흐마 시바대

저는 최신형 접는 2단 양산을 원해요.
ကျွန်မခေတ်ပေါ်ခေါက်ထီးလိုချင်ပါတယ်။
짜마 킷뽀 카욱티 로징 바대

습한 날씨에 땀을 흘렸을 때 로웅지를 풀어 활활 부채질함으로써 바람을 불러일으킬 수 있고, 돗자리 위에서 생활하는 습관이 있기 때문에 로웅지 차림이 이에 아주 쾌적한 것이다. 또한, 우기에는 비에 젖어도 단시간에 옷을 갈아입을 수 있어 편리하고, 겨울에는 두꺼운 로웅지를 걸치면 춥다는 생각이 들지 않아 따뜻한

저에게 견본을 얼마 좀 보여 주세요.
ကျွန်မကိုနမူနာတချို့ပြပါ။
짜마고 나무나 따초 뺘 바

외제 비누를 보여 주세요.
နိုင်ငံခြားဖြစ်ဆပ်ပြာပြပါ။
나잉강자 빗 삽빠 뺘 바

이것은 한국산 비누예요?
ဒီဟာကိုရီးယားဖြစ်ဆပ်ပြာလား။
디하 꼬리야 빗삽빠라

아니예요. 태국산 비누예요.
မဟုတ်ပါဘူး။ ထိုင်းဖြစ်ဆပ်ပြာပါ။
마호웃빠부 타잉빗 삽빠 바

중국산 비누도 있어요.
တရုတ်ဖြစ်ဆပ်ပြာလဲရှိပါတယ်။
따요웃핏 삽빠 래 시바대

쇼핑

겨울을 보낼 수 있는 것이다. 더욱이 전통을 중요시하는 미얀마 인들은 로웅지를 즐겨 몸에 걸쳐 왔다. 로웅지는 몸체에 꼭 달라 붙어 단정한 인상을 줄 뿐만 아니라, 신체의 아름다움을 두드러지게 하는 역할도 다하고 있기 때문에, 미적·시각적으로도 전문가들에게 좋은 평가를 받고 있는 것이다. 미얀마에는 사회나 종

루즈 있어요?
နှုတ်ခမ်းဆိုးဆေးရှိသလား။
흐나캉소제 시달라

네, 여기에 여러 가지 색깔의 견본이 있어요.
ဟုတ်ကဲ့၊ ဒီမှာအရောင်အမျိုးမျိုးနမူနာရှိပါတယ်။
호웃깨 디흐마 아야웅 아묘묘 나무나 시바대

아주 좋군요.
သိပ်ကောင်းပါတယ်။
떼입 까웅 바 대

여기 담배 팔아요?
ဒီမှာဆေးလိပ်ရောင်းသလား။
디흐마 셰레입 야웅 달라

담배 한 갑에 얼마예요?
ဆေးလိပ်တစ်ဘူးဘယ်လောက်လဲ။
셰레입 다부 발라욱 래

교와 관련된 갖가지 의식이 다양하게 많이 존재한다. 예를 들면, 사회에 관한 의식으로서 아이의 명명식(命名式 ; 미얀마에서 이 세상에 태어난 갓난아이가 인간 사회와 접촉할 수 있는 최초의 기회는 갓난아이의 이름 짓기를 통해서인데, 출생 후 보통 1주일 내지 2주일 후에 행해지는 이 의식을 보통 명명식이라고 함. 이

담배 두 갑 주세요.
ဆေးလိပ်နှစ်ဘူးပေးပါ။
세레입 흐나부 뻬 바

저 담배 케이스를 보여 주세요.
ဟိုဆေးလိပ်ထည့်ဘူးကိုပြပါ။
호 세레입태부 고 빠 바

저 케이스 안에는 라이타도 들어 있어요.
ဟိုဘူးထဲမှာမီးခြစ်လပါပါတယ်။
호 부 대 흐마 미칫 래 빠 바 대

제 사진을 찍어 주세요.
ကျွန်တော့်ကိုဓာတ်ပုံရိုက်ပေးပါ။
짜노 고닷뽀웅 야익 뻬 바

전신이 들어가도록 찍어 주세요.
တစ်ကိုယ်လုံးပုံရိုက်ပေးပါ။
다고로웅보웅 야익 뻬 바

때 갓난아이의 머리가 출생 후 처음으로 미얀마에서 현재 샴푸 대용으로 쓰이고 있는 낑붕이라는 나무의 열매액으로 씻겨지기 때문에, 미얀마어로는 이 명명식을 낑붕땁띠라고 함)과 요람 의식(세상에 태어난 갓난아이를 처음으로 요람에 누이는 의식을 말하는데, 이 의식을 미얀마어로는 빠캑띵아캉아나라고 함), 소녀

상반신만 찍어 주세요.
အပေါ်တစ်ခြမ်းပဲရိုက်ပေးပါ။
아뽀 따창배 야익 뻬 바

사진은 언제 돼요?
ဓာတ်ပုံဘယ်တော့ရမလဲ။
닷뽀웅 배도 야 말래

오는 월요일에 됩니다.
လာမယ့်တနင်္လာနေ့မှာရပါမယ်။
라매 따닝라네 흐마 야 바 매

우편으로 보내 주세요.
စာတိုက်ကတစ်ဆင့်ပို့ပေးပါ။
싸다익 까따싱 뽀 뻬 바

이것이 주소예요.
ဒါလိပ်စာပါ။
다 레입싸 바

의 귀에 구멍을 뚫는 의식인 천이식(穿耳式 ; Ear Boring Ceremony ; 미얀마에서의 소년의 성인식은 득도식으로 대체가 되고, 소녀의 경우는 득도식 대신에 귀에 귀걸이 구멍을 뚫음으로써 성인식을 대체하는데, 이 의식을 미얀마어로는 나따밍갈라 라고 함), 그리고 결혼식 등이 있는가 하면, 또한, 득도식(得度式 ;

필름도 함께 보내 주세요.
ပလင်လဲအတူတူပို့ပေးပါ။
팔링 래 아뚜두 뽀 뻬 바

이 우산을 수리하고 싶어요.
ဒီထီးကိုပြင်ချင်ပါတယ်။
디 티고 뼁징바대

언제 수리가 끝나요?
ဘယ်တော့ပြင်ပြီးမလဲ။
배도 뼹 삐 말래

이 잉지에 단추를 달아 주세요.
ဒီအင်္ကျီမှာကြယ်သီးတပ်ပေးပါ။
디 잉치흐마 째디 땁 뻬 바

이 구두를 수선해 주세요.
ဒီရှူးဖိနပ်ကိုပြင်ပေးပါ။
디 슈파납 꼬 뼹 뻬 바

 통신

미얀마에서는 미얀마의 남성이라면 일생에 한 번 은 불문에 입문하여 수행하는 것이 하나의 불문율로 되어 있는데, 20세 미만인 소년이 삭발을 하고 불문에 들어가 일정 기간 동안 부처의 가르

우체국은 어디예요?
စာတိုက်ဘယ်မှာလဲ။
싸다익 배흐마 래

엽서는 어디에서 팔아요?
ပို့စကတ်ဘယ်မှာရောင်းပါသလဲ။
뽀싸깟 배흐마 야웅 바 달래

우표 5장 주세요.
တံဆိပ်ခေါင်းငါးခုပေးပါ။
다제입가웅 응아구 빼 바

이 편지를 항공편으로 부치고 싶어요.
ဒီစာကိုလေကြောင်းနဲ့ပို့ချင်ပါတယ်။
디 싸 고 레자웅 내 뽀 칭 바 대

이 편지를 등기로 보내 주세요.
ဒီစာကိုမှတ်ပုံတင်ပြီးပို့ပေးပါ။
디 싸 고 흐맛뽀웅띵 삐 뽀 빼 바

침을 받는 견습승이 되기 위해 행하는 순수한 불교적인 이 의식은 미얀마의 소년으로서는 가장 중요한 의식으로서 미얀마어로는 싱쀼쀄라고 함), 구족계식(具足戒式 ; 20세 이상의 미얀마 남성이 삭발을 하고 불문에 들어가 일정 기간 동안 227계의 엄한 계율인 구족계를 지키는 비구승이 되기 위해 행하는 종교 의식을 말하는데, 이 의식을 미얀마어로는 바징캉아캉아나라고 함), 승의증정식(僧衣贈呈式) 등의 종교적인 의식도 있다. 승려와 대면

이 편지 우송료는 얼마예요?
ဒီစာပို့ခဘယ်လောက်ကျသလဲ။
디 싸 뽀가 발라욱 쨔 달래

저는 우체국을 통하여 돈을 보내고 싶어요.
ကျွန်တော်စာတိုက်ကတစ်ဆင့်ငွေပို့ချင်တယ်။
짜노 싸다익 까따싱 응웨 뽀 칭 대

이 봉투 안에 사진만 들어 있어요.
ဒီစာအိတ်ထဲမှာဓာတ်ပုံတွေပဲပါပါတယ်။
디 싸에잇 태흐마 닷뽀웅뒈배 빠바대

이 소포 우송료는 얼마예요?
ဒီချောထုပ်ပို့ခဘယ်လောက်လဲ။
디 초도웁 뽀가 발라욱 래

이 편지는 외국으로 부치는 편지예요.
ဒီစာဟာနိုင်ငံခြားပို့စာပါ။
디 싸 하 나잉강자 뽀 싸 바

할 때나 파고다에서 불상에게 절을 할 때에는 여성은 양무릎, 양 팔꿈치와 이마를 바닥에 대고, 그리고 남성은 쭈그리고(웅크리고) 각각 배례(拜禮)한다. 또한, 사원이나 참도(參道)에서 행해지는 종교 의식에 참가할 때에는 준비된 돗자리 위에 남성은 책상다리를 하고 앉고, 여성은 무릎을 꿇고 정좌한다. 이와 같은 의식들에서도 미얀마인들은 언제나 로웅지를 입고 참가하는데, 이와

통신

이 편지를 속달로 부치고 싶어요.
ဒီစာကိုအမြန်ပို့ချင်ပါတယ်။
디 싸 고 아먄 뽀 칭 바 대

이 편지들을 이 주소대로 보내 주세요.
ဒီစာတွေကိုဒီလိပ်စာအတိုင်းပို့ပေးပါ။
디 싸풰고 디 레입싸 아따잉 뽀 뻬 바

전보 용지 주세요.
ကြေးနန်းပုံစံစာရွက်ပေးပါ။
쩨냥 뽀웅장 싸유액 뻬 바

단어 하나에 얼마예요?
စကားလုံးတစ်လုံးကိုဘယ်လောက်လ။
자가로웅 따로웅고 발라욱 래

주소도 계산하나요?
လိပ်စာလရေတွက်သလား။
레입싸래 예뜨왝 딸라

같은 상황들에서도 로웅지를 입고 있으면 여러 가지로 아주 편리한 것이다. 로웅지를 입는 방법도 길게 입든지 짧게 입든지 상황에 따라서 다양하다. 여성의 경우, 의식 등에 참가할 때에는 타메잉이 복사뼈까지 닿도록 길게 입는 것이 보통이다. 일 나가는 사람이나 물건을 파는 사람은 활동하기 쉽도록 로웅지를 복사뼈 위에서 정강이 부근 정도의 길이로 입고, 힘을 써서 육체 노동을 하

만달레까지 전보료는 얼마예요?
မန္တလေးအထိကြေးနန်းခဘယ်လောက်လဲ။
망달레 아티 쩨냥가 발라욱 래

지급(至急) 전보는 얼마예요?
အမြန်ကြေးနန်းဘယ်လောက်လဲ။
아먄 쩨냥 발라욱 래

저는 따웅지에 전보를 치고 싶어요.
ကျွန်တော်တောင်ကြီးကိုကြေးနန်းရိုက်ချင်ပါတယ်။
짜노 따웅지 고 쩨냥 야익 칭 바 대

이 편지 언제 도착해요?
ဒီစာဘယ်တော့ရောက်ပါမလဲ။
디 싸 배도 야욱 빠 말래

일주일 정도 걸립니다.
တစ်ပတ်လောက်ကြာပါမယ်။
다밧 라욱 짜 바 매

는 사람은 무릎 정도의 길이로 짧게 입는다. 또한, 남성의 경우, 힘을 쓰는 육체 노동이나 농삿일을 할 때에는 빠소의 옷자락을 걷어올려 허리춤에 끼우는 경우도 있다. 이것은 빠소의 옷자락을 걷어올려 넓적다리 사이를 통하여 허리 뒤쪽에 찔러넣어 입는 방법인 것이다. 오늘날 미얀마에는 여러 외국으로부터의 옷감도 들어오고 있지만, 미얀마인들은 전통적인 옷감을 사용한 로웅지를 즐

통신

저는 전화를 걸고 싶어요.
ကျွန်တော်တယ်လီဖုန်းဆက်ချင်ပါတယ်။
짜노 때리포웅 색 칭바 대

여보세요, 네아웅 씨 댁이에요?
ဟယ်လို၊ ဦးနေအောင်အိမ်ပါလား။
해로 우네아웅 에잉바라

그렇습니다. 누구세요?
ဟုတ်ပါတယ်။ ဘယ်သူပါလဲ။
호웃빠대 배두 바래

이입니다.
လီပြောနေပါတယ်။
리 뾰 네 바 대

네아웅 씨 지금 댁에 계세요?
အခုဦးနေအောင်အိမ်မှာရှိပါသလား။
아쿠 우네아웅 에잉 흐마 시바달라

겨 입는다. 이러한 이유로 인하여 미얀마에서 현재에도 전통적인 직물업이 성행하고 있는 것이다. 옛날 미얀마 여성으로서 직물은 반드시 배우지 않으면 안 되는 하나의 기술이었다. 그 당시 아들을 갖고 있는 부모들은 직물과 집안 일을 잘하는 여성을 며느리로 맞이하려고 애를 쓰기도 하였다. 미얀마의 식생활을 한 마디로 말한다면 쌀밥을 국 한 그릇과 몇 개의 반찬으로 먹는 일반적으로 한

네, 계십니다.
ဟုတ်ကဲ့၊ ရှိပါတယ်။
호웃깨 시바대

네아웅 씨와 통화를 하고 싶은데요.
ဦးနေအောင်နဲ့စကားပြောချင်ပါတယ်။
우네아웅 내 자가 뾰 칭 바 대

잘 안 들립니다.
ကောင်းကောင်းမကြားရပါဘူး။
까웅 가웅 마짜 야 바 부

크게 말씀하세요.
ကျယ်ကျယ်ပြောပါ။
째 째 뾰 바

네아웅 씨를 부탁합니다.
ဦးနေအောင်ကိုခေါ်ပေးပါ။
우네아웅 고 코 뻬 바

국과 같은 형태이다. 주식의 쌀은 입자가 길고 찰기가 적은 인디카 멥쌀이 주류로 되어 있다. 미얀마 북부에서는 한국쌀에 가까운 자포니카미(米)도 생산되고 있지만, 미얀마인들이 좋아하는 것은 인디카미(米)로 더욱이 탕취법(湯取法 ; 끓을 때에 뜨거운 물을 버리는 취반법)을 사용하여 밥을 더더욱 보슬보슬하게 짓는다. 그리고 외국인이 놀라는 것은 특히 밥을 좋아하는 그들의 한 끼 분의 많은 밥량에 있다. 반찬의 경우는 미얀마로는 힝이라

통신

잠깐만 기다리세요.
ခဏကိုင်ထားပါ။
카나 까잉 타 바

여보세요, 네아웅입니다.
ဟယ်လို၊ နေအောင်စကားပြောနေပါတယ်။
해로 네아웅 자가 뾰 네 바 대

기다리게 해서 죄송합니다.
စောင့်ခိုင်းရတာဝမ်းနည်းပါတယယ်။
싸웅 카잉 야 다 웡내 바 대

미스터 이, 무슨 일이세요?
မစ္စတာလီ၊ ဘာလုပ်ပေးရပါမလဲ။
밋싸따 리 바 로읍 뻬 야 바 말래

떼잉항 씨의 전화 번호를 알고 싶어서요.
ဦးသိန်းဟန်ရဲ့ဖုန်းနံပါတ်သိချင်လို့။
우떼잉항 예 포웅 낭밧 띠칭로

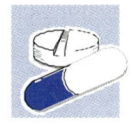

의료

고 불리는 미얀마 카레가 있는데, 이것은 한국에서 말하는 카레와는 상당히 다르다. 우선 액체 상태부터 다르다. 아마도 밥 위에 쳐서 먹는 데서 부터 카레라고 표현되는 것이겠지만, 미얀마의

저는 오늘 몸 상태가 좋지 않아요.
ဒီနေ့ကျွန်တော်နေလို့ထိုင်လို့မကောင်းဘူး။
디네 짜노 네로타잉로 마까웅 부

저는 오늘 건강이 매우 좋지 않아요.
ဒီနေ့ကျွန်တော်သိပ်ပြီးနေလို့မကောင်းဘူး။
디네 짜노 떼입삐 네로 마까웅 부

어젯밤에 잠을 못 잤어요?
မနေ့ညကအိပ်မပျော်ဘူးလား။
마네냐가 에입 마뽀부라

잠을 못 잤어요.
အိပ်မပျော်ဘူး။
에입 마뽀부

감기에 걸렸나 봐요.
အအေးမိတယ်လို့ထင်ပါတယ်။
아에 미 대 로 팅 바 대

경우는 밀가루나 전분으로 액체를 만들어 치는 일은 거의 없다. 미얀마어로 시비양잭(육고기나 생선 등을 기름으로 조린 음식)이라고 표현되는 기름기 많은 삶아 조린 음식인 것이다. 이것은 식용유(낙화생유가 많음)를 듬뿍 넣어 양파, 마늘, 생강 등과 함께 육고기(돼지, 염소, 양, 소, 닭), 생선, 새우, 계란 등의 어느 한 종류를 수분이 증발할 때까지 푹 삶아 조리하는 요리법이다. 그 결과 처음에 넣은 기름이나 육류로부터의 지방분이 향신료로 채색

의료

지금 머리가 몹시 아파요.
အခုခေါင်းသိပ်ကိုက်ပါတယ်။
아쿠 가웅 떼입 까익 빠 대

현기증이 일어나요.
ခေါင်းမူးနေပါတယ်။
가웅 무 네 바 대

춥지는 않아요?
မချမ်းဘူးလား။
마챵 부 라

아주 추워요.
သိပ်ချမ်းပါတယ်။
떼입 챵 바 대

목도 아프고요.
လည်ချောင်းလဲနာပါတယ်။
래자웅 래 나 바 대

되어 표면을 덮고, 육류는 가라앉아 금방은 보이지 않는다. 양파, 마늘 등은 걸쭉하게 풀어져서 풀반죽 모양으로 침전해 있다. 이 것이 바로 좋은 맛의 엑스(Extract)라고도 말할 만한 것으로, 육고기나 생선이 대량으로 들어 있지 않아도 이 기름이나 침전물을 접시의 흰밥에 넣어 골고루 섞어서 입으로 가져가면 밥을 얼마든지 먹을 수 있는 것이다. 미얀마 방식으로는 오른손가락으로 골고루 섞고, 오므린 손가락 끝으로 재치 있게 입으로 가져간다.

기침은 해요?
ချောင်းဆိုးပါသလား။
차웅 소 바 달라

밤과 이른 아침에 기침을 해요.
ညနဲ့မနက်စောစောမှာချောင်းဆိုးပါတယ်။
냐 내 마넉 쏘쪼 흐마 차웅 소 바 대

뼈마디도 쑤셔요.
အရိုးအဆစ်တွေလဲကိုက်ပါတယ်။
아요 아싯풰 래 까익 빠 대

언제부터 몸이 좋지 않았습니까?
ဘယ်တုန်းကစနေမကောင်းဖြစ်ပါသလဲ။
배도웅가싸 네마까웅 핏 빠 달래

어제부터였어요.
မနေ့ကတည်းကပါ။
마네 가대가 바

호텔 등 긴장되는 연석(宴席)에서는 왼손에 포크, 오른손에 스푼을 가지고 솜씨 좋게 밥과 반찬을 골고루 섞어 먹는다. 시비양잭은 말하자면 주된 반찬으로 이 외에 말린 생선 볶은 것, 말린 생선 튀긴 것, 야채 무침류, 야채 볶음류, 생야채 샐러드, 스프류, 야채 절임 등의 보존식 등등 반찬은 재료도 먹는 방법도 다양하고 풍부하다. 이 배경에는 인도나 중국에서 이주해 온 사람들의 식문

의료

그렇다면, 의사에게 보여야 되겠군요.
ဒီလိုဆိုရင်၊ ဆရာဝန်နဲ့ပြရပါတယ်။
디로소잉 사야웡 내 빠 야 바 대

병원에 데려가 주세요.
ဆေးရုံကိုပို့ပေးပါ။
세요웅고 뽀 뻬 바

의사를 불러 주세요.
ဆရာဝန်သွားခေါ်ပေးပါ။
사야웡 똬 코 뻬 바

식욕이 있습니까?
ခံတွင်းကောင်းရဲ့လား။
가드윙 까웅 얘라

식욕이 없어요.
ခံတွင်းပျက်နေပါတယ်။
가드윙 뼤얘액 네 바 대

화 영향도 생각해 볼 수 있다. 더운 나라에서는 어느 정도 기름기가 많은 느끼한 음식도 신체가 자연히 요구하기 때문에, 기름기 많은 요리도 섭취할 필요가 있는 것이다. 그렇지만 미얀마 각지에 있는 인도 요리점이나 중화 요리점의 요리와 미얀마 요리가 서로 선을 긋고 있는 것도 또한 확실한 일이다. 전통적인 미얀마 식(食)이란 무엇인가? 이것을 살피는 일은 그다지 쉽지는 않지

좀 피곤해요.
နည်းနည်းမောပါတယ်။
내내 모 바 대

청신기로 진찰해 봅시다.
နား ကြပ်နဲ့စမ်းသပ်ကြည့်ရအောင်။
나찹 내 쌈땁 찌 야아웅

숨을 깊게 쉬세요.
အသက်ပြင်းပြင်းရှူပါ။
아땍 뼁삥 슈 바

혀를 잠깐 볼까요?
လျှာခဏကြည့်မယ်။
샤 카나 찌 매

혀를 내 보세요.
လျှာထုတ်ပြပါ။
샤 토웃 빠 바

만, 우선 도작 문화권이기 때문에 밥을 맛있게 먹을 수 있는 점, 거주지에서 풍부하게 손에 넣을 수 있는 재료인 점, 고온다습한 기후에서 부패 염려가 없는 점 등의 조건들을 고려해 본다면, 역시 보존식, 저장식에 그 열쇠가 있을 것 같다. 야채 절임, 이것이야말로 가장 미얀마적인 반찬이 아닐까 생각된다. 수도인 양공의

의료

혈압을 재겠습니다.
သွေးတိုင်းမယ်။
웨 따잉 매

혈압은 정상이군요.
သွေးအားကတော့နဂိုအတိုင်းပဲ။
웨아 가도 나고 아따잉 배

맥박을 짚어 볼까요?
သွေးစမ်းကြည့်မယ်နော်။
웨 쌈 찌 매 노

맥박이 조금 빠르군요.
သွေးခုန်တာနည်းနည်းမြန်ပါတယ်။
웨 코웅다 내내 먄 바 대

열이 좀 있군요.
အပူချိန်နည်းနည်းရှိပါတယ်။
아뿌제잉 내내 시 바 대

시장에서도 칭밧이라는 것이 팔리고 있는데, '맛이 신 채소'라는 의미를 갖는 이 음식은 바로 우리 이웃 나라 일본의 채솟잎 묵은 김치 그대로이다. 미얀마에서는 쌀겨가 아니라, 쌀뜨물이나 밥을 지을 때에 탕취법으로 버리는 뜨거운 물을 이용하여 김치를 담근다. 기후 관계로 발효가 빠르기 때문에 쉽게 묵은 김치와 같은 신

그러나 당신의 병은 염려할 것 없습니다.
ဒါပေမဲ့ခင်ဗျားရောဂါစိုးရိမ်စရာမရှိပါဘူး။
다베매 카먀 요가 쏘예잉자야 마시바부

감기에 들었습니다.
အအေးမိနေပါတယ်။
아에 미 네 바 대

약을 먹어야 해요.
ဆေးသောက်ရပါမယ်။
세 따욱 야 바 매

주사도 맞아야 해요.
ဆေးလဲထိုးရပါမယ်။
세 래 토 야 바 매

찬 바람을 쐬지 마세요.
လေတိုက်မခံပါနဲ့။
레따익 마캉바내

맛을 자아내는 것이다. 버마족뿐만이 아니라 미얀마의 많은 소수민족에게도 인기가 있는 절인 콩, 신맛의 절인 죽순, 신맛의 절인 새우, 신맛의 절인 돼지고기, 신맛의 절인 생선, 라팩(어린 찻잎을 물에 절인 다음 꺼내어 참기름에 담가 놓고 다른 음식과 함께 가벼운 식사 대용으로 먹는 미얀마인의 기호 식품), 웅아삐(생선을

주의하면 곧 좋아질 거예요.
ဂရုတစိုက်နေရင်ခကာနဲ့ကောင်းသွားမှာပါ။
가유다차익 네 잉 카나내 까웅 똬 흐마 바

여기 약….
ဒီမှာဆေး။
디 흐마 세

몇 번 먹어야 하나요?
ဘယ်နှကြိမ်သောက်ရပါမလဲ။
배흐나쩨잉 따욱 야 바 말래

식후마다 한 알씩 하루에 세 번 먹어요.
အစာစား ပြီးတိုင်းတစ်လုံးစီတစ်နေ့ကိုသုံးကြိမ် သောက်ပါ။
아싸 싸 삐 다잉 딸로웅 지 따네 고 또웅제잉 따욱 빠

이삼일 먹으면 회복할 거예요.
နှစ်ရက်သုံးရက်သောက်ရင်သက်သာသွား လိမ့်မယ်။
흐나애액 또웅얘액 따욱 잉 땍따 똬 레잉매

소금으로 절인 것이나, 또는 생선의 수분을 소금으로 제거한 다음 햇빛에 말려 절구에서 찧어 만든 식품), 응아삐예(응아삐에서 우러나오는 짠물로 미얀마에서는 식탁에 없어서는 안 될 간장용 조미료) 등은 모두 발효시켜 보존 또는 저장한 것이다. 미얀마의 음식 중 건조 상태의 보존식도 다양하다. 어느 마을이나 촌락에

저는 배가 아파요.
ကျွန်မဗိုက်နာပါတယ်။
짜마 바익 나 바 대

어떤 음식을 먹으면 좋을까요?
ဘယ်လိုဟာမျိုးစားရင်ကောင်းမလဲ။
배로하묘 싸 잉 까웅 말래

이가 몹시 아파요.
သွားသိပ်ကိုက်ပါတယ်။
똬 떼입 까익 빠 대

제 이를 봐 주시겠어요?
ကျွန်မသွားကိုကြည့်ပေးပါမလား။
짜마 똬 고 찌 뻬 바 말라

이 이를 빼 주시겠어요?
ဒီသွားကိုနုတ်ပေးပါမလား။
디 똬 고 흐노웃 뻬 바 말라

도 시장에는 반드시 말린 생선을 파는 가게가 있다. 햇빛에 말린 것 외에 부엌에 매달아 그을음 투성이가 된 말린 생선 등도 긴히 쓰인다. 말린 새우도 분말로 으깨어서 조미료나 밥에 뿌려 먹는 식품으로 즐겨 사용한다. 왕조가 끝난 지 시간이 오래 경과되었기 때문에 인접국인 태국과 같이 호화스러운 궁중 요리는 그다지 많이

의료

이가 썩었어요.(충치가 생겼어요.)
သွားပိုးစားသွားပြီ။
똬 뽀 싸 똬 비

충치를 치료해 주세요.
သွားပေါက်ဖာပေးပါ။
똬 바욱 파 뻬 바

이가 몇 개나 아픕니까?
သွားဘယ်နှချောင်းကိုက်သလဲ။
똬 배흐나 차웅 까익 뗄래

이가 두 개 정도 아파요.
သွားနှစ်ချောင်းလောက်ကိုက်ပါတယ်။
똬 흐나차웅 라욱 까익 빠 대

약도 먹어야 합니다.
ဆေးလဲသောက်ရမယ်။
세 래 따욱 야 매

전해지지 않고 있지만, 간신히 남아 있는 왕조 시대의 궁중 요리서에도 많은 발효 식품, 새싹, 열매, 뿌리, 야채 등의 절인 음식 만드는 방법 등이 적혀져 있다. 이와 같이 보면, 결국 미얀마 요리는 기름기가 많아 느끼한 음식과 산뜻하고 담박(淡泊)한 신맛의 음식을 솜씨 좋고 조화롭게 적절히 배합하고 있다고 말할 수 있을 것이다.

약 처방전을 써 주세요.
ဆေးလက်မှတ်ရေးပေးပါ။
세 랙흐맛 예 뻬 바

저를 좋은 약국으로 데려가 주세요.
ကျွန်မကိုဆေးဆိုင်ကောင်းကောင်းခေါ်သွားပေးပါ။
짜마 고 세자잉 까웅가웅 코 똬 뻬 바

이 약 처방전대로 해 주세요.
ဒီဆေးလက်မှတ်အတိုင်းဆောင်ရွက်ပေးပါ။
디 세랙흐맛 아따잉 사웅유엑 뻬 바

약값은 얼마예요?
ဆေးဖိုးဘယ်လောက်ကျသလဲ။
세보 발라욱 짜 달래

오늘 여러 가지로 도와 주셔서 감사했습니다.
ဒီနေ့အစစအရာရာကူညီပေးတာကျေးဇူးတင်ပါတယ်။
디네 아싸자아야야 꾸니 뻬 다 쩨주 띵 바 대

 ## 환전

미얀마의 음식 가운데 응아삐는 미얀마 식탁에서 없어서는 안 될 미얀마인들이 즐겨 먹는 기호 식품 중의 하나이다. 이와 같이 응아삐를 미얀마인들이 식탁에서 매일 접하고 있는데, 응아삐의 종

저는 환전을 하고 싶어요.
ကျွန်တော်နိုင်ငံခြားငွေလဲချင်ပါတယ်။
짜노 나잉강차응웨 래 징 바 대

환전소는 어디에 있어요?
ငွေလဲလှယ်ရေးဌာနဘယ်မှာရှိပါသလဲ။
응웨 래흘래예타나 배흐마 시바달래

오늘 환율은 얼마예요?
ဒီနေ့လဲလှယ်နှုန်းသယ်လောက်လဲ။
디네 래흘래흐노웅 발라욱 래

오늘 환율은 얼마예요?
ဒီနေ့ငွေလဲနှုန်းဘယ်လောက်ပါလဲ။
디네 응웨래흐노웅 발라욱 빠 래

얼마를 바꾸고 싶어요?
ဘယ်လောက်လဲချင်ပါသလဲ။
발라욱 래 징 바 달래

류는 대략 쎄잉자웅아삐, 흐밍웅아삐, 다밍웅아삐, 예조웅아삐 그리고 웅아삐예가웅으로 분류할 수 있다. 쎄잉자웅아삐는 잔새우나 잔생선으로 만들고, 흐밍웅아삐는 잘잘한 흐밍가웅이라는 생선으로 만든다. 한편, 다밍웅아삐는 다밍이라는 깔때기 모양의 어망으로 잡을 수 있는 아주 잘잘한 생선으로 만들고, 예조웅아삐는 웅아삐예라고도 하는데, 생선을 끓여서 얻어지는 액체로서 장유(醬油)라고도 불리는 간장용 웅아삐를 말한다. 가물치, 청어,

---

100불이에요.
ဒေါ်လာတစ်ရာပါ။
도라 따야 바

얼마짜리로 바꾸고 싶어요?
ဘယ်လောက်တန်နဲ့လဲချင်ပါသလဲ။
발라욱 땅 내 래 칭 바 달래

100짭짜리와 500짭짜리로 바꾸고 싶어요.
ကျပ်တစ်ရာတန်နဲ့ငါးရာတန်နဲ့လဲချင်ပါတယ်။
짭 따야땅 내 응아야땅 내 래 칭 바대

여행자 수표도 현금으로 바꾸고 싶어요.
ခရီးဆောင်ချက်လက်မှတ်လဲလက်ငင်းငွေနဲ့
လဲချင်ပါတယ်။
카이자웅책랙흐맛 래 랙응잉응웨 내 래 칭 바대

잠깐만 기다리세요.
ခကစောင့်ပါ။
카나 쌰웅 바

등목어(登木魚 ; 하천이나 호수에 사는 담수어로서 아가미를 이용하여 나무에 기어오르기도 하는 동남아산의 경골어류) 이렇게 세 가지 생선을 함께 섞어 만든 예조응아뻬를 사람들이 즐겨 찾는다. 생선에 따라 소금으로 통채로 절여 놓은 응아뻬가옹도 사람들이 좋아한다. 또한, 응아뻬를 여러 가지 방법으로 튀겨 요리하여 먹기도 한다. 응아뻬에는 단백질, 소금 등에 많이 들어 있는 미네랄, 혈압에 아주 귀중한 철분, 뼈를 단단케 하는 칼슘 등 영양

환전

이곳에 서명해 주세요.

ဒီမှာလက်မှတ်ထိုးပေးပါ။
디흐마 랙흐맛토 삐 바

서명 다했어요.

လက်မှတ်ထိုးပြီးပါပြီ။
랙흐맛토 삐 바 비

미얀마 외국 무역 은행은 어디에 있어요?

မြန်မာနိုင်ငံခြားကုန်သွယ်မှုဘက်ဘယ်မှာရှိသလဲ။
미얀마 나잉강자 꼬웅쐐흐무반 배흐마 시달래

이 1,000짯짜리 지폐를 100짯짜리로 바꿔 주세요.

ဒီတစ်ထောင်တန်ငွေစက္ကူကိုတစ်ရာတန်နဲ့လဲပေးပါ။
디 따타웅탕 응웨쌕꾸고 따야탕 내 래 삐 바

이것을 동전으로 바꿔 주세요.

ဒါကိုအကြွေနဲ့လဲပေးပါ။
다고 아쯔웨 내 래 삐 바

관광 및 레저

분이 많이 포함되어 있어 미얀마인들의 건강을 지켜 준다. 미얀마의 식탁 가운데 라팩도 매우 중요한 음식이다. 미얀마인들은 라팩을 절여서도 먹고 말려서도 먹는다. 라팩을 최초로 재배하여

씻뛔 가는 항공권 두 장 예약할게요.
စစ်တွေသွားမယ့်လေယာဉ်လက်မှတ်နှစ်စောင်
ကြိုတင်ဝယ်ချင်ပါတယ်။
씻뛔 똬 매 레잉햌흐맛 흐나싸웅 쪼띵 왜 징 바 대

알았습니다. 며칠 것 원하십니까?
ကောင်းပါပြီ။ ဘယ်နေ့ဟာလိုချင်ပါသလဲ။
까옹바비 배 네하 로징 바 달래

다음주 토요일 것 원해요.
နောက်အပတ်စနေနေ့ဟာလိုချင်ပါတယ်။
나욱 아빳 싸네네하 로징 바대

내일 비행기로 씻뛔에 갑니까?
မနက်ပြန်စစ်တွေကိုလေယာဉ်ပျံနဲ့သွားပါမလား။
마낵피얀 씻뛔고 레잉비양내 똬 바 말라

네, 오후 세 시 밍갈라도웅 공항에서 출발해요.
ဟုတ်ကဲ့။ ညနေသုံးနာရီမင်္ဂလာဒုံလေဆိပ်
ကနေထွက်ပါမယ်။
호웃깨 냐네 또웅나이 밍갈라도웅 레세입 까네 트왝빠매

식용으로 사용한 민족은 중국인들이다. 중국에서 세계 각지로 퍼진 것이다. 라팩나무는 다 자라면 9m 정도 자라지만, 찻잎을 따기 쉽고 더욱 무성해지도록 하기 위해서 라팩나무를 1-1.5m 정도가 되면 잘라 버린다. 라팩나무는 3년이 되면 찻잎을 딸 수 있고, 15년이 지나면 가장 양질의 찻잎을 얻을 수 있다. 라팩나무는 라팩나무 수명인 25년이 지나면 지면에 쓰러져 말라 버리는데,

---

항공권을 구입했습니까?
လေယာဉ်လက်မှတ်ဝယ်ပြီးပြီလား။
레잉 렉흐맛 왜 삐 비 라

구입했어요.
ဝယ်ပြီးပါပြီ။
왜 삐 바 비

양공에서 방콕까지 시간이 얼마 정도 걸려요?
ရန်ကုန်ကနေဘန်ကောက်အထိအချိန်ဘယ်လောက်လောက်ကြာမလဲ။
양고웅 가네 방가욱 아티 아체잉 발라욱 라욱 짜 말래

50분 정도 걸립니다.
မိနစ်ငါးဆယ်လောက်ကြာပါမယ်။
미닛 응아재 라욱 짜 바 매

지금 고도는 얼마예요(몇 피트예요)?
အခုအမြင့်ပေဘယ်လောက်လဲ။
아쿠 아밍 뻬 발라욱 래

그 자리에 새로운 라팩나무가 다시 자라기도 한다. 마른 찻잎인 라팩차욱에는 아초따욱라팩차욱과 아짱따욱라팩차욱 이렇게 두 종류가 있다. 아초따욱라팩차욱은 홍차와 같이 설탕이나 꿀 등을 타 달게 마시는 차를 말하고, 아짱따욱라팩차욱은 녹차와 같이 천연의 맛 그대로 쓰게 마시는 차를 말한다. 미얀마인들은 아짱따욱라팩차욱과 절인 찻잎인 라팩쏘(어린 찻잎을 물에 절인 다음

고도는 2,400피트예요.
အမြင့်ပေ၂,၄၀၀ရှိပါတယ်။
아밍 뻬 흐나타옹레야 시바대

그렇다면, 속도는요?
ဒီလိုဆိုရင်၊ ပျံသန်းနှုန်းကော။
디로소잉 삐양땅 흐노웅 고

속도는 시속 600마일이에요.
ပျံသန်းနှုန်းတစ်နာရီမိုင်၆၀၀ရှိပါတယ်။
삐양땅 흐노웅 따나이 마잉 차욱야 시바대

비행기가 선회하고 있군요.
လေယာဉ်ဝဲနေတယ်နော်။
레잉 왜 네 대 노

비행기가 이제 착륙할 것 같아요.
လေယာဉ်ဆင်းတော့မယ့်တူတယ်လေ။
레잉 싱 도 매 내 뚜 대 레

꺼내어 참기름에 담가 놓고 다른 음식과 함께 가벼운 식사 대용으로 먹는 미얀마인의 기호 식품)를 좋아한다. 집집마다 아짱따 욱라팩차욱인 라팩예장을 마신다. 손님 접대 시 이 라팩예장과 라팩쏘는 반드시 사용된다. 그래서 집집마다 식탁에는 차주전자와 찻잔이 반드시 놓여져 있다. 또한, 라팩쏘는 의식에서도 곧잘 사용되는 음식이기도 하다. 종교적인 의식에서뿐만 아니라 옛날

비행기 여행은 어땠어요?
လေယာဉ်နဲ့ခရီးသွားတာဘယ်လိုလဲ။
레잉 내 카이 똬 다 배로 래

네, 매우 좋았어요.
ဟုတ်ကဲ့။ သိပ်ကောင်းပါတယ်။
호웃깨 떼입 까웅 바 대

배로 여행하는 것보다 더 즐거웠어요.
သဘော်ၤနဲ့ခရီးသွားတာထက်ပိုပြီးတော့ပျော်
စရာကောင်းပါတယ်။
띵보 내 카이 똬 다 댁 뽀 삐도 뽀 자야 까웅 바 대

기내의 식사도 매우 좋았어요.
လေယာဉ်ပေါ်ကအစားအသောက်တွေလ
သိပ်ကောင်းတာပါပဲ။
레잉 보가 아싸아따욱뛔래 떼입 까웅 다 바 배

아주 만족스러워요.
အင်မတန်ကျေနပ်စရာကောင်းပါတယ်။
잉마땅 쩨납 싸야 까웅 바 대

결혼식에서도 널리 사용되어졌는데, 절인 찻잎의 포장물인 라팩 토웃을 건네는 것은 결혼식에 초청한다는 표시였다. 그리고 옛날 소송 사건 때, 사건이 무사히 해결되면 사건이 해결되었다는 표시로서 원고 피고 모두 법정 그 자리에서 이 라팩쏘를 상징적으로 먹곤 하였다. 라팩은 미얀마에서 샹주(Shan State)가 그 재배·생산지로 유명한데, 찻잎을 따는 시기에 따라 라팩의 질이

저는 지방 여행을 하고 싶어요.
ကျွန်တော်ကျေးလက်တောရွာကိုခရီးသွားချင်ပါတယ်။
짜노 쩨랙또유아 고 카이똬 징 바 대

만달레에 간 적이 있어요?
မန္တလေးကိုရောက်ဖူးပါသလား။
망달레 고 야욱 푸 바 달라

아직 간 적이 없어요.
မရောက်ဖူးသေးပါဘူး။
마야욱 푸 데 바 부

그렇다면, 만달레에 한 번 정도 가 보세요.
ဒီလိုဆိုရင်၊ မန္တလေးကိုတစ်ခါလောက်သွားပါ။
디로소잉 망달레 고 따카 라욱 똬 바

만달레는 미얀마 제 2의 도시입니다.
မန္တလေးဟာမြန်မာပြည်ရဲ့ဒုတိယအကြီးဆုံးမြို့ပါ။
망달레 하 미얀마뻬 얘 두띠야 아찌조웅 묘 바

달라진다. 서리가 시작되는 겨울에 나오는 새 잎을 따서 만든 흐닝땍차욱과 띵장(미얀마력으로 본 미얀마의 새해, 즉 미얀마력 1월 1일을 가리키는데, 태양력으로는 4월 중순경에 해당함)이 되기 바로 직전에 나오는 새 잎을 따서 만든 쉐피우라팩차욱이 맛과 품질 면에서 가장 뛰어나다. 미얀마의 문화는 상좌부불교 문화권이다. 타밍우바웅이란 김이 무럭무럭 나는 갓 지은 밥을 말

만달레는 미얀마 중부 지방에 있어요.
မန္တလေးဟာမြန်မာပြည်အလယ်ပိုင်းမှာရှိပါတယ်။
망달레하 미얀마삐 알래바잉흐마 시바대

만달레는 미얀마의 마지막 왕도였어요.
မန္တလေးဟာမြန်မာပြည်ရဲ့နောက်ဆုံးမင်းနေပြည်တော်ဖြစ်ခဲ့ပါတယ်။
망달레하 미얀마삐 얘 나욱소웅 밍네삐도 핏 캐 바 대

만달레 왕궁은 아주 유명해요.
မန္တလေးရွှေနန်းတော်ဟာအင်မတန်နာမည်ကြီးပါတယ်။
망달레 쉐낭도하 잉마땅 나매 씨 바 대

만달레에도 파고다가 많이 있어요?
မန္တလေးမှာလဲဘုရားတွေအများကြီးရှိပါသလား။
망달레 흐마래 파야뒈 아먀지 시바달라

네, 많이 있어요.
ဟုတ်ကဲ့။ အများကြီးရှိပါတယ်။
호웃깨 아먀지 시바대

하는데, 예절을 중히 여기는 미얀마 문화에서 이 타밍우바웅은 매우 중요한 의미를 갖는다. 그것은 부처님께 공양 드릴 때에나, 출가자들에게 보시할 때에나, 귀한 웃어른들께 대접할 때에 사용하는 특별히 성별(聖別)의 의미를 갖기 때문이다. 공양 드릴 보시로서는 특별히 알루미늄 밥솥이 아닌 돌솥으로 지은 타밍우바웅을 정성스럽게 그릇에 담는다. 미얀마의 상좌부불교에서 출가자

마하먀앗무니 파고다는 만달레에서 가장 커요.
မဟာမြတ်မုနိဘုရားဟာမန္တလေးမှာအကြီးဆုံးပါပဲ။
마하먀앗무니파야하 망달레 흐마 아찌조웅바배

그곳은 참배객들로 언제나 붐비고 있어요.
အဲဒီနေရာဟာဘုရားဖူးတွေနဲ့အမြဲပြည့်ကျပ်နေပါတယ်။
애디네야하 파야부훼내 아미얘 삐예짭 네 바대

제 사진을 찍어 주세요.
ကျွန်တော့်ကိုဓာတ်ပုံရိုက်ပေးပါ။
짜노고 닷뽀웅 야익 뻬 바

어떤 사이즈를 원하세요?
ဘယ်အရွယ်အစားလိုချင်ပါသလဲ။
배 아유애야싸 로칭 바 달래

여권용 사이즈를 원해요.
ပတ်စပို့ဆိုက်ဇ်လိုချင်ပါတယ်။
빳싸뽀 사익즈 로칭 바 대

(出家者)들은 돈이나 금품을 전혀 휴대할 수 없고, 사원은 원칙상 부엌이나 채소를 가꾸는 텃밭이 없는 등, 생산 수단이라고는 일체 가지고 있지 않다. 따라서, 불문에 들어간 모든 출가자들은 수입원을 전혀 가지고 있지 않다. 이와 같이 미얀마의 상좌부불교는 구조적으로 출가자들의 경제 활동이나 노동 등의 생산 활동을 전면 금지하고 있기 때문에, 출가자들은 자연히 생활의 기반

이 의자 위에 앉으세요.
ဒီထိုင်ခုံပေါ်မှာထိုင်ပါ။
디 타잉고웅 보 흐마 타잉 바

얼굴을 약간 들어 주세요.
ခင်ဗျာ့မျက်နှာနည်းနည်းမော့လိုက်ပါ။
카먀 미얘액흐나 내내 모 라익 빠

이렇게요?
ဒီလိုလား။
디로라

그래요, 그래요.
ဟုတ်ပြီ၊ ဟုတ်ပြီ။
호웃삐 호웃삐

머리가 조금 기울어져 있어요.
ခေါင်းနည်းနည်းစောင်းနေပါတယ်။
가웅 내내 싸웅 네 바 대

을 제 3자에게 의존할 수밖에 없다. 여기에서 출가자들과 불신자(佛信者), 즉 재가신자(在家信者)들간의 상호 관계가 이루어진다. 마을 안의 사원에 기거하는 출가자들의 음식물은 모두 재가신자인 마을 주민들이 시주하는 보시에 의하여 충당되어지는 것이다. 그리하여 출가자들은 매일 이른 아침 동그랗고 약간 커다란 미얀마어로 다베잇이라고 불리는 출가자들의 보시 그릇인 발우

똑바로 세우세요.
မတ်မတ်ထားပါ။
맛맛 타 바

여기를 보세요.
ဒီကိုကြည့်ပါ။
디고 찌 바

사진 다 찍었습니다.
ဓာတ်ပုံရိုက်ပြီးပါပြီ။
닷뽀웅 야익 삐 바 비

사진 언제 됩니까?
ဓာတ်ပုံဘယ်တော့ရမှာလဲ။
닷뽀웅 배도 야 흐마 래

모레 됩니다.
သန်ဘက်ခါရပါမယ်။
다백카 야 바 매

(鉢盂)를 감싸안고 탁발(托鉢)하러 돌아다니는데, 이때 재가신자들의 집을 가가호호 방문하면서 이 타밍우바웅을 제공받는 것이다. 한편, 재가신자들은 출가자들에게 보시를 제공함으로써 공덕을 쌓는다. 바꾸어 말하면, 재가신자들은 출가자들에게 보시를 제공함으로써 출가자들에게 은혜를 입는 것이다. 이렇게 하여 출

그래요?
ဟုတ်ပါသလား။
호옷 빠 달라

늦습니까?
နောက်ကျသလား။
나욱 짜 달라

그다지 늦지 않아요.
သိပ်နောက်မကျပါဘူး။
떼입 나욱 마짜 바 부

당신이 가지러 오시겠어요?
ခင်ဗျားလာယူမှာလား။
캬먀 라 유 흐마 라

저는 가지러 올 수 없습니다.
ကျွန်တော်လာမယူနိုင်ပါဘူး။
짜노 라 마유 나잉 바 부

가들과 재가들과의 상호 관계가 이루어지고, 미얀마 사회에서 출가들과 재가들과의 포괄적인 종교 체계가 형성되어진다. 이 현실은 미얀마에 있어서 불교의 존재와 그 계승을 뒷받침하는 근본적인 원리가 어디에 있는가를 극명하게 보여 주고 있는 증거가 된다. 미얀마가 불교국이고, 미얀마인들이 불교도라고 말할 수 있

우편으로 보내 주세요.
စာတိုက်ကပို့ပေးပါ။
싸다익까 뽀 뻬 바

저에게 원판을 주세요.
ကျွန်တော့်ကိုနက်ဂတစ်ပြားပေးပါ။
짜노 고낵가띳빠 뻬 바

사진과 함께 보내겠습니다.
ဓာတ်ပုံနဲ့အတူတူပို့ပေးပါမယ်။
닷뽀웅 내 아뚜두 뽀 뻬 바 매

오늘 밤 영화를 보고 싶은데요.
ဒီညရုပ်ရှင်ကြည့်ချင်ပါတယ်။
디냐 요웁싱 찌 칭 바 대

가장 좋은 영화관 어디에 있어요?
အကောင်းဆုံးရုပ်ရှင်ရုံဘယ်မှာရှိပါသလဲ။
아까웅조웅 요웁싱요웅 배흐마 시 바 달래

는 사실들이 바로 여기에서 다시금 확인되고 있는 것이다. 불교가 미얀마인들의 정신 세계에 지대한 영향을 미치고 있는 것은 명백한 사실이지만, 한편 낫 신앙 같은 민간 신앙도 미얀마인들의 생활 습관에서 상당한 비중을 차지하고 있는 것도 또한 부인할 수 없는 사실이다. 타밍우바웅 같은 성별의 음식을 부처님께

여기에서 멀어요?
ဒီကဝေးပါသလား။
디가 웨 바 댤라

별로 멀지 않아요.
သိပ်မဝေးပါဘူး။
떼입 마웨 바 부

똑바로 가서 오른쪽으로 도세요.
တည့်တည့်သွားပြီးညာဘက်ကိုကွေ့ပါ။
때대 똬 삐 냐백꼬 꿰 바

지금 외국 영화 상영하고 있어요?
အခုနိုင်ငံခြားကားပြနေပါသလား။
아쿠 나잉강자까 빠 네 바 댤라

미얀마 영화 상영하고 있어요.
မြန်မာကားပြနေပါတယ်။
미얀마까 빠 네 바 대

공양 드리거나 출가자들에게 보시하는 것처럼, 의식 행사 때 낫에게의 음식 공양은 미얀마인들의 생활 습관으로서 빼놓지 않는 순서이다. 갓난아이의 건강과 앞으로의 행운을 기원하는 차원에서 득도식 때 행해지는 미얀마어로 유아싸웅낫이라고 불리는 마을 수호신과 미자잉바자잉낫이라고 불리는 부모 수호신에게의

마지막 영화는 몇 시에 시작해요?

နောက်ဆုံးရုပ်ရှင်ဘယ်အချိန်စမလဲ။

나욱소웅 요웁싱 배 아체잉 싸 말래

밤 8시에 시작해요.

ညရှစ်နာရီမှာစပါမယ်။

냐 싯나이 흐마 싸 바 매

영화값은 얼마예요?

ရုပ်ရှင်ခဘယ်လောက်ကျပါသလဲ။

요웁싱가 발라욱 싸 바 달래

입장권 한 장에 얼마예요?

ရုပ်ရှင်လက်မှတ်တစ်စောင်ဘယ်လောက်လဲ။

요웁싱 랙흐맛 다자웅 발라욱 래

미얀마에 인도 영화도 많이 있어요.

မြန်မာပြည်မှာအိန္ဒိယကားလဲအများကြီးရှိပါတယ်။

미얀마삐 흐마 에잉디야까래 아먀지 시바대

공양, 신랑 신부의 각자의 집에서 결혼식 거식 전에 행해지는 부모 수호신에게의 공양 등 의식 행사 때 행해지는 이러한 낮에게의 음식 공양은, 이것을 행하지 않거나 태만히 하면 당사자들에게 커다란 화가 미친다고 미얀마인들은 하나의 신앙으로서 굳게 믿고 있는 것이다. 미얀마는 북쪽은 히말라야 산맥의 고지에서,

---

중국 영화는요?
တရုတ်ကားကော။
따요웃까 고

중국 영화도 많이 있어요.
တရုတ်ကားလဲအများကြီးရှိပါတယ်။
따요웃까래 아먀지 지 바 대

아주 재미있군요.
စိတ်ဝင်စားစရာသိပ်ကောင်းပါတယ်။
쎄잇윙자쟈야 떼입 까웅 바 대

당신은 라디오를 즐겨 들으세요?
ခင်ဗျားရေဒီယိုနားထောင်တာကြိုက်ပါသလား။
캬먀 레디요 나타웅다 짜익 빠 달라

저는 텔레비전을 즐겨 봐요.
ကျွန်တော်ရုပ်မြင်သံကြားကြည့်တာကြိုက်ပါတယ်။
짜노 요웁밍땅자 찌다 짜익 빠 대

남쪽은 말레이 반도 끝 근처까지 남북으로 크고 넓은 면적을 가지고 있는 국가이기 때문에, 풍토나 기후 역시 일정하지 않다. 또한, 주위의 산간 지대를 중심으로 크고 작은 민족 집단이 다수 혼재하고 있기 때문에, 의·식생활의 경우와 마찬가지로 주거 환경도 다양하다. 수도인 양공에는 영국의 식민지 시대 때 세워진 오

당신 집에 텔레비전이 있어요?
ခင်ဗျား အိမ်မှာ ရုပ်မြင်သံကြားရှိပါသလား။
카먀 에잉흐마 요웁밍땅자 시바달라

있고 말고요.
ရှိတာပေါ့။
시다뽀

저희 집에는 한국제 텔레비전이 있어요.
ကျွန်တော့်အိမ်မှာ ကိုရီးယား လုပ်ရုပ်မြင်သံကြားရှိပါတယ်။
짜노 에잉흐마 꼬리야 로웁 요웁밍땅자 시바대

무슨 프로그램을 즐겨 보세요?
ဘာ အစီအစဉ်ကြိုက်ပါသလဲ။
바 아씨아씽 짜익 빠 달래

뉴스 프로그램을 즐겨 봐요.
သတင်း အစီအစဉ်ကြိုက်ပါတယ်။
다딩 아씨아씽 짜익 빠 대

래된 서양식 건축물들이 지금도 꽤 상당수 현역으로 사용되고 있다. 관청이 아니라 사람이 거주하는 건물로서, 예를 들면 양공시 북부 잉야 호숫가에 있는, 미얀마어로는 잉야사웅이라고 불리는 양공 대학 여자 기숙사 잉야 홀은 그 대표적인 건물이다. 건축된 지 약 80년이 지났건만, 사감과 학생들의 관리와 손질이 좋은 탓

스포츠 프로그램을 즐겨 봐요.
အားကစားအစီအစဉ်ကြိုက်ပါတယ်။
아가사 아씨아씽 짜익 빠 대

드라마 프로그램을 즐겨 봐요.
ပြဇာတ်အစီအစဉ်ကြိုက်ပါတယ်။
빠잣 아씨아씽 짜익 빠 대

영화 프로그램을 즐겨 봐요.
ရုပ်ရှင်အစီအစဉ်ကြိုက်ပါတယ်။
요웁싱 아씨아씽 짜익 빠 대

당신도 텔레비전을 즐겨 보세요?
ခင်ဗျားလဲရုပ်မြင်သံကြားကြည့်တာကြိုက်ပါသလား။
카먀래 요웁밍땅자 찌다 짜익 빠 달라

저도 텔레비전을 즐겨 봐요.
ကျွန်တော်လဲရုပ်မြင်သံကြားကြည့်တာကြိုက်ပါတယ်။
짜노 래 요웁밍땅자 찌다 짜익 빠 대

인지 아직 충분하고 쾌적한 주거 기능을 다하고 있다. 이 기숙사의 경우, 천장이 높은 점, 방 외측에 복도가 둘러 있고, 복도 외벽에 창으로서 커다랗게 유리나 그 무엇도 끼어 있지·않은 파 놓은 빈 공간이 설치되어 있는 점, 복도와 접하고 있는 각 방의 창은 개폐, 자물쇠 채움도 가능한 유리창이 설치되어 있으나, 튼튼한 격

그렇다면, 당신은 무슨 프로그램을 즐겨 보세요?
ဒီလိုဆိုရင်၊ ခင်ဗျားဘာအစီအစဉ်ကြိုက်ပါသလဲ။
디로소잉 캬먀 바 아씨아씽 짜익 빠 달래

저는 음악 프로그램을 좋아해요.
ကျွန်တော်တေးဂီတအစီအစဉ်ကြိုက်ပါတယ်။
짜노 떼기따 아씨아씽 짜익 빠 대

뉴스 프로그램은 좋아하지 않으세요?
သတင်းအစီအစဉ်မကြိုက်ဘူးလား။
다딩 아씨아씽 마짜익 푸 라

뉴스 프로도 좋아해요.
သတင်းအစီအစဉ်ကိုလဲကြိုက်ပါတယ်။
다딩아씨아씽 고래 짜익 빠 대

영화 프로도 좋아해요.
ရုပ်ရှင်အစီအစဉ်ကိုလဲကြိုက်ပါတယ်။
요웁싱 아씨아씽 고래 짜익 빠 대

자(格子)가 끼워져 있기 때문에 창을 열어 놓은 채라도 안전이 확보될 수 있는 점, 마루는 모두 티크 목재로 서늘하고 쾌적한 점, 각 방간의 칸막이벽은 천장에 닿지 않도록 낮게 만들어져 있는 점 등 건물 전체에 통풍과 냉기를 보존하는 고안이 실로 뛰어난 설계이다. 대학 구내에서는 학생 기숙사뿐만 아니라 교수들의 관사도

당신은 무슨 운동을 좋아하세요?
ခင်ဗျားဘာအားကစား ကြိုက်ပါသလဲ။
카먀 바 아가자 짜익 빠 달래

저는 축구를 좋아해요.
ကျွန်တော်ဘောလုံးကို ကြိုက်ပါတယ်။
짜노 보로웅 고 짜익 빠 대

당신은요?
ခင်ဗျားကော။
카먀 고

저는 테니스를 좋아해요.
ကျွန်တော်တင်းနစ်ကို ကြိုက်ပါတယ်။
짜노 띵닛 꼬 짜익 빠 대

이 근처에 테니스장이 있어요?
ဒီအနီးအနားမှာတင်းနစ်ကစားကွင်းရှိပါလား။
디 아니아나 흐마 띵닛 가자궈윙 시 바 달라

녹색의 거목 그늘에 여기저기 조금씩 볼 수 있다. 많은 건물은 대학 설립 당초부터의 오래된 빨간 벽돌 건물이고, 마찬가지로 커다란 창 등으로 통풍으로서 멋진 고안이 엿보이는 건물들이다. 전쟁 후에 세워진 콘크리트 주택 등의 서양식 건물이 적지는 않지만, 재질, 아름다움, 쾌적함에 있어서도 옛날 서양식 건물을 능가하지

네, 있어요.
ဟုတ်ကဲ့၊ ရှိပါတယ်။
호웃깨 시 바 대

당신은 수영을 하실 줄 아세요?
ခင်ဗျားရေကူးတတ်ပါသလား။
캬먀 예 후 탓 빠 달라

네, 조금은 할 줄 알아요.
ဟုတ်ကဲ့၊ နည်းနည်းပါးပါးတော့ရေကူးတတ်ပါ တယ်။
호웃깨 내 내 빠 바 도 예 후 탓 빠 대

당신은 수영을 즐겨 하세요?
ခင်ဗျားရေကူးတာကြိုက်ပါသလား။
캬먀 예 후 다 짜익 빠 달라

저는 수영을 전혀 못해요.
ကျွန်တော်လုံးလုံးမကူးတတ်ပါဘူး။
짜노 로웅로웅 마쿠 닷 빠 부

못하고 있는 것 같다. 그런데 미얀마에서 이러한 벽돌 건물이나 근대적 건축 양식의 가옥에 사는 사람들은 극히 소수의 한정된 사람들이고, 양공의 뒷골목이나 지방의 마을, 시골에는 아직도 대나무로 지은 집들이나 나무로 지은 집들이 대부분이다. 가옥의 형식 중 가장 눈에 잘 뜨이는 것이 한국의 원두막 스타일인

정말이세요?
တကယ်ပဲလား။
다깨 배 라

당신은 수영을 배우신 적이 있으세요?
ခင်ဗျားရေကူးသင်ဖူးပါသလား။
카먀 예 꾸 띵 부 바 달라

제 식으로 수영을 해요.
ကိုယ့်နည်းကိုယ့်ဟန်နဲ့ကူးတာပါပဲ။
꼬 니 꼬 항 내 꾸 다 바 배

당신 형은 수영이 능숙하시다죠?
ခင်ဗျားအစ်ကိုဟာရေကူးကျွမ်းကျင်တယ်လို့
ကြားရပါတယ်။
카먀 아꼬 하 예 꾸 쭘징 대 로 짜 야 바 대

네, 능숙해요.
ဟုတ်ကဲ့။ ကျွမ်းကျင်ပါတယ်။
호욷깨 쭘징 바 대

고상식(高床式)으로, 마루의 높이가 대체로 성인의 키 정도이고, 마루 밑에는 소나 돼지가 사육되고 있다. '집에서 나가!' 라는 욕설이 미얀마어로는 '에잉가 상' 인데, 이것을 번역하면 '집에서 내려가!' 라는 의미로서, 이렇게 표현하는 것도 마루가 높은 이유에서인 것 같다.

그 분은 어디에서 수영을 배우셨어요?
သူရေကူးဘယ်မှာသင်ပါသလဲ။
뚜 예 쿠 배 흐마 띵 바 달래

수영 강습소에서 배우셨어요.
ရေကူးသင်တန်းမှာသင်ပါတယ်။
예 쿠 띵당 흐마 띵 바 대

어떤 수영법들을 사용하고 계세요?
ဘယ်ရေကူးနည်းတွေကိုအသုံးပြုနေပါသလဲ။
배 예 쿠 니 뒈 고 아또웅 뿌 네 바 달래

여러 가지 있어요.
အမျိုးမျိုးရှိပါတယ်။
아묘묘 시 바 대

그거 아주 좋군요.
အဲဒါသိပ်ကောင်းပါတယ်။
애다 떼입 까웅 바 대

 # 사고

미얀마는 대나무가 풍부한 나라이기 때문에, 지방의 서민의 집에는 미얀마어로 때라고 불리는 대나무집(竹造)이 많다. 지붕에는 니파(Nipah) 야자숫잎이 널리 쓰인다. 미얀마력으로 한여름인 1

문제가 발생했어요.
အခက်အခဲဖြစ်သွားပါတယ်။
아챆아캐 핏 똬 바 대

무슨 문제예요?
ဘာအခက်အခဲပါလဲ။
바 아챆아캐 바· 래

여권을 분실했어요.
နိုင်ငံကူးလက်မှတ်ပျောက်သွားပါတယ်။
나잉강 쿠 랙흐맛 뺘욱 똬 바 대

언제 분실하셨어요?
ဘယ်တုန်းကပျောက်သွားပါသလဲ။
배도웅가 뺘욱 똬 바 달래

확실히 모르겠어요.
တိတိကျကျမသိပါဘူး။
띠띠짜자 마띠 바 부

월경(태양력으로는 4월경에 해당함)에 니파 야자숫잎을 사 두면 잎에 벌레 먹음이 적어 보전력이 좋다고 한다. 지붕이기는 마을 주민의 상부상조 공동 작업으로 이루어진다. 마루도 방동사니과의 다년초인 암페라(인도, 말레이 반도가 원산지로서, 높이 약 80cm, 줄기에 가지가 없으며, 밑동에 비늘 모양의 잎이 몇 개 나 있음) 거적이 보통인데, 지역에 따라서는 엮어진 암페라 거적 틈 사이로 마루 밑이 보이는 경우도 있다. 부농이나 마을 유지들은

그렇다면, 한국 대사관에 가야만 해요.
ဒါပြင့်ရင်၊ ကိုရီးယားသံရုံးကိုသွားရပါတယ်။
다핑잉 쪼리야 땅요웅 고 똬 야 바 대

한국 대사관이 어디에 있는지 아세요?
ကိုရီးယားသံရုံးဘယ်မှာရှိသလဲခင်ဗျားသိပါ
သလား။
쪼리야 땅요웅 배 흐마 시 달래 카먀 띠 바 달라

알아요. 대학로에 있어요.
သိပါတယ်။ တက္ကသိုလ်ရိပ်သာလမ်းမှာရှိပါ
တယ်။
띠 바 대 떽까또 예입따 랑 흐마 시 바 대

여기서 얼마나 멀어요?
ဒီကဘယ်လောက်ဝေးပါသလဲ။
디가 발라욱 웨 바 달래

여기서 그다지 멀지 않아요.
ဒီကသိပ်မဝေးပါဘူး။
디가 떼입 마웨 바 부

목조 가옥에서 산다. 지붕도 비에 강한 함석 지붕이다. 서민들은 모두 대나무나 암페라로 지은 집들이 아닌, 하다 못해 목조, 함석 지붕집, 거기에다가 근처에 대나무나 볏짚으로 지은 집들이 밀집되어 있지 않은 지역에 사는 것이 소원이다. 이것은 매년 어디선가에서 발생하고 있는 대화재를 두려워하고 있기 때문이다. 알맹이가 곧 흘러나올 것 같은 두꺼운 여송연을 피우는 것이 이 나라

걸어서 갈 수 있어요?
ခြေကျင်သွားလို့ရပါသလား။
치징 똬 로야 바 달라

갈 수 있어요.
သွားလို့ရပါတယ်။
똬 로 야 바 대

경찰서가 어디에 있어요?
ရဲစခန်းဘယ်မှာရှိပါသလဲ။
얘싸캉 배 흐마 시 바 달래

왜 그래요?
ဘာပြုလို့လဲ။
바 쀼 로 래

돈지갑을 잃어 버렸어요.
ပိုက်ဆံအိတ်ပျောက်သွားပါတယ်။
빠익상에잇 빠욱 똬 바 대

의 특성이기도 하여, 이러한 주거 환경이 대화재의 발생과 무관하다고는 말할 수 없을 것 같다. 미얀마는 소매치기나 좀도둑이 아주 많기 때문에 언제나 자기의 소지품에 신경을 써야 한다. 귀중품은 반드시 호텔 프론트에 맡기는 것이 안전하며, 여권을 분실하면 큰 문제가 발생하므로 이 점 특별히 주의를 기울여야 한다. 미얀마도 요즈음에는 차량이 많이 증가하여 수도인 양공은 하루가

시계도 도난당했고요.
နာရီကိုလဲအခိုးခံရပါတယ်။
나이 고래 아코캉야 바 대

저기에 경찰서가 있어요.
ရဲစခန်းဟိုမှာရှိပါတယ်။
얘싸캉 호흐마 시 바 대

저 좀 도와 주세요.
ကျွန်တော့်ကိုကူညီပေးပါ။
짜노 고 꾸니 뻬 바

무엇을 도와 드릴까요?
ဘာကူညီပေးရပါမလဲ။
바 꾸니 뻬 야 바 말래

제 여행 가방을 하나 분실해 버렸어요.
ကျွန်တော့်ခရီးသွားအိတ်တစ်လုံးပျောက်သွားပါတယ်။
짜노 카이 똬 에잇 딸로웅 빠욱 똬 바 대

다르게 도시의 분위기가 달라지고 있다. 아직 인접국인 태국과 같은 교통 체증까지는 심각하게 느끼지 못하나, 주차장의 부족으로 인하여 차량을 통한 도시의 비좁은 공간을 감지할 수 있어 교통 사고의 위험성도 배제할 수는 없게 되었다.

가방 안에는 여러 가지가 들어 있어요.
အိတ်ထဲမှာတော့အမျိုးမျိုးပါပါတယ်။
에잇 태 흐마도 아묘묘 빠 바 대

도둑을 조심하세요.
သူခိုးကိုဂရုစိုက်ပါ။
따코 고 가유싸익 빠

소매치기도 조심하세요.
ခါးပိုက်နှိုက်ကိုလဲဂရုစိုက်ပါ။
가바익흐나익 꼬래 가유싸익 빠

당신을 돕게 되어 기뻐요.
ခင်ဗျာ့ကိုကူညီခွင့်ရတာဝမ်းသာပါတယ်။
카먀 고 꾸니 그윙 야 다 웡따 바 대

오늘 고맙습니다.
ဒီနေ့ကျေးဇူးတင်ပါတယ်။
디네 쩨 주 띵 바 대

부록

1. 미얀마 음식

전통적인 미얀마 음식의 종류는 아주 다양하다. 버마족과 소수민족 등 각 지역마다 특색 있는 전통 음식이 있고, 중국과 인도의 영향을 받아 다소 이국적인 분위기의 음식도 상당수 있다. 한국인이 즐겨 먹을 만한 음식을 대충 소개해 보자면 다음과 같다.

မုန့်ဟင်းခါး (모웅힝가)
고깃국물 속에 곁들인 발효시킨 쌀로 만든 국수로서, 미얀마인들은 아침 식사로 많이 이용함.

ခေါက်ဆွဲ (카욱쇄)
국수.

ခေါက်ဆွဲကြော် (카욱쇄초)
면을 튀긴 튀김 국수의 일종.

ကောက်ညှင်းပေါင်း (까웅흐닝바웅)
시루에 찐 찹쌀떡의 일종.

ကောက်ညှင်းထုပ် (까웅흐닝도웁)
까웅흐닝바웅을 대나무 잎이나 기타 나뭇잎으로 말아서 포장한 것.

မုန့်ပက်ထုပ် (모웅팩토웁)
과자나 사탕 기타 과일을 집어 넣은 까웅흐닝도웁.

ထန်းသီးမုန့် (탕디모웅)
사탕수수 열매로 만든 간식용 과자의 일종.

သုံးဦးစပ်ချဉ်ဟင်း (또웅우잡칭힝)
상추, 시금치, 콩잎 이렇게 세 종류의 식물을 넣어 만든 신맛의 스프.

ငါးပိ (응아삐)
생선을 소금으로 절인 것이나, 또는 생선, 새우 등의 수분을 소금으로 제거한 다음 햇빛에 말려 절구에서 찧어 만든 것으로서, 미얀마에서는 우리 나라의 김치처럼 식탁에 없어서는 안 될 음식임.

ငါးပိရည် (응아삐예)
응아삐 소스로서 간장용으로 쓰임.

သုံးဦးစပ်ငါးပိ (또웅우잡응아삐)
세 종류의 생선으로 만든 응아삐.

လက်ဖက်ရည် (라팩예)
미얀마 홍차.

လက်ဖက် (라팩)
어린 찻잎을 물에 절인 다음 꺼내어 참기름에 담그어 놓고 다른 음식과 함께 가벼운 식사 대용으로 먹는 미얀마인의 기호 식품임.

ပုစွန်ကွက်ကြော် (바중그왝쪼) 양파를 혼합한 새우 튀김.

ငါးကြော် (응아초) 생선 튀김.

ကမာကြော် (까마초) 굴 튀김.

ဂကန်းကြော် (가낭초) 게 튀김.

ထမင်းကြော် (타밍초) 볶음밥.

ကြက်ဥကြော် (쨱우초) 계란 후라이.

ကြက်သားဟင်း (쨱따힝) 닭고기 요리.

ဝက်သားဟင်း (왝따힝) 돼지고기 요리.

အမဲသားဟင်း (아매따힝) 쇠고기 요리.

အမဲသားမီးကင် (아매다미킹) 로스트 비프.

အမဲသားကြော်ချက် (아매다초책) 비프 스테이크.

အာလူးကြော် (아루초) 감자 튀김.

ဟင်းသီးဟင်းရွက်ဆလတ် (힝디힝유액살랏)
야채 샐러드.

ဟင်းသီးဟင်းရွက်ကြော် (힝디힝유액쪼) 야채 볶음.

ဘဲသားဟင်း (배다힝) 오리고기 요리.

ဆိတ်သားဟင်း (셰잇따힝) 염소고기 요리.

သိုးသားဟင်း (또다힝) 양고기 요리.

ဆန်ပြုတ် (상보웃) 쌀죽.

2. 미얀마 과일

미얀마는 기후적으로 열대성 과일이 풍부하여 우리 나라에서는 맛볼 수 없는 갖가지 과일이 계절마다 많이 있다. 그러나 우기 때에는 과일을 너무 많이 섭취하면 배탈이 나기 쉽기 때문에 조심해야 한다.

ဒူးရင်းသီး (두잉디)
두리안. 한국인이 처음 맛보는 경우에는 독특한 향내로 인하여 거북할 수도 있음. 과일 알맹이는 흰색 또는 황색인데, 황색이 더 맛이 좋음. 독특한 향내로 인하여 빈대 방지용으로도 쓰임.

မင်းကွတ်သီး (밍굿띠)
망고스틴. 자색의 딱딱한 껍질로 되어 있으나, 간단히 손으로 벗겨 하얀 알맹이를 먹을 수 있음.

သရက်သီး (따얘액띠) 망고. 황색으로 달고 맛이 있음.
နာနတ်သီး (나낫띠) 파인애플.
သဘော်သီး (띵보디) 파파야.

ငှက်ပျောသီး (응아뾰디)
바나나. 동남아시아의 바나나는 종류가 여러 가지임.

လိမ္မော်သီး (레잉모디) 오렌지.

သူဇာသီး (오자디) 슈거애플.

သခွားမွှေး (따콰흐웨) 멜론.

ဖရဲသီး (파얘디) 수박.

ပန်းသီး(빵디) 사과.

သပန်းသီး(따팡디) 무화과.

မက်မွန်သီး(맥몽디) 복숭아.

စပျစ်သီး(자빗띠) 포도.

အုန်းသီး(오웅디) 코코야자.

3. 기수

0	၀	သုည	또웅냐
1	၁	တစ်	띳
2	၂	နှစ်	흐닛
3	၃	သုံး	또웅
4	၄	လေး	레
5	၅	ငါး	응아
6	၆	ခြောက်	차욱
7	၇	ခုနစ်	쿤흐닛
8	၈	ရှစ်	싯
9	၉	ကိုး	꼬
10	၁၀	တစ်ဆယ်	따새

11	၁၁	ဆယ့်တစ်	새띳
12	၁၂	ဆယ့်နှစ်	새흐닛
13	၁၃	ဆယ့်သုံး	새또웅
14	၁၄	ဆယ့်လေး	새레
15	၁၅	ဆယ့်ငါး	새응아
16	၁၆	ဆယ့်ခြောက်	새차욱
17	၁၇	ဆယ့်ခုနှစ်	새쿤흐닛
18	၁၈	ဆယ့်ရှစ်	새싯
19	၁၉	ဆယ့်ကိုး	새꼬
20	၂၀	နှစ်ဆယ်	흐나새
21	၂၁	နှစ်ဆယ့်တစ်	흐나새띳
22	၂၂	နှစ်ဆယ့်နှစ်	흐나새흐닛
29	၂၉	နှစ်ဆယ့်ကိုး	흐나새꼬
30	၃၀	သုံးဆယ်	또웅재
31	၃၁	သုံးဆယ့်တစ်	또웅재띳
35	၃၅	သုံးဆယ့်ငါး	또웅재응아
38	၃၈	သုံးဆယ့်ရှစ်	또웅재싯
40	၄၀	လေးဆယ်	레재
44	၄၄	လေးဆယ့်လေး	레재레
50	၅၀	ငါးဆယ်	응아재

53	၅၃	ငါးဆယ့်သုံး	응아재또옹
57	၅၇	ငါးဆယ့်ခုနှစ်	응아재쿤흐닛
60	၆၀	ခြောက်ဆယ်	차옥새
66	၆၆	ခြောက်ဆယ့်ခြောက်	차옥새차옥
70	၇၀	ခုနှစ်ဆယ်	쿤흐나새
72	၇၂	ခုနှစ်ဆယ့်နှစ်	쿤흐나새흐닛
78	၇၈	ခုနှစ်ဆယ့်ရှစ်	쿤흐나새싯
80	၈၀	ရှစ်ဆယ်	싯새
81	၈၁	ရှစ်ဆယ့်တစ်	싯새띳
89	၈၉	ရှစ်ဆယ့်ကိုး	싯새꼬
90	၉၀	ကိုးဆယ်	꼬재
92	၉၂	ကိုးဆယ့်နှစ်	꼬재흐닛
95	၉၅	ကိုးဆယ့်ငါး	꼬재응아
99	၉၉	ကိုးဆယ့်ကိုး	꼬재꼬
100	၁၀၀	တစ်ရာ	따야
101	၁၀၁	တစ်ရာ့တစ်	따야띳
110	၁၁၀	တစ်ရာ့တစ်ဆယ်	따야따새
150	၁၅၀	တစ်ရာ့ငါးဆယ်	따야응아재
199	၁၉၉	တစ်ရာ့ကိုးဆယ့်ကိုး	따야꼬재꼬
200	၂၀၀	နှစ်ရာ	흐나야

428	၄၂၈	လေးရာ့နှစ်ဆယ့်ရှစ်	레야흐나새싯
500	၅၀၀	ငါးရာ	응아야
734	၇၃၄	ခုနစ်ရာ့သုံးဆယ့်လေး	쿤흐나야또웅재레
1,000	၁၀၀၀	တစ်ထောင်	따타웅
2,000	၂၀၀၀	နှစ်ထောင်	흐나타웅
9,000	၉၀၀၀	ကိုးထောင်	꼬다웅
10,000	၁၀၀၀၀	တစ်သောင်း	따따웅
99,000	၉၉၀၀၀	ကိုးသောင်းကိုးထောင်	꼬다웅꼬다웅
십만	၁၀၀၀၀၀	တစ်သိန်း	따떼잉
백만	၁၀၀၀၀၀၀	တစ်သန်း	따땅
천만	၁၀၀၀၀၀၀၀	ဆယ်သန်း	새당
		တစ်ကုဋေ	다가데
일억	၁၀၀၀၀၀၀၀၀		
		သန်းတစ်ရာ	땅따야
		ဆယ်ကုဋေ	새가데
십억	၁၀၀၀၀၀၀၀၀၀		
		သန်းတစ်ထောင်	땅따타웅
		ကုဋေတစ်ရာ	가데따야

1/2	တစ်ဝက်	따왝
1/3	သုံးပုံတစ်ပုံ	또웅보웅다보웅
2/3	သုံးပုံနှစ်ပုံ	또웅보웅흐나뽀웅
1/4	တစ်စိတ်	다제잇
	လေးပုံတစ်ပုံ	레보웅다보웅

4. 서수

첫째	ပဌမ/ပထမ	빠타마
둘째	ဒုတိယ	두띠야
셋째	တတိယ	땃띠야
넷째	စတုတ္ထ	자도웃타
다섯째	ပဉ္စမ	뼁싸마
여섯째	ဆဌမ	삿타마
일곱째	သတ္တမ	땃따마
여덟째	အဌမ	앗타마
아홉째	နဝမ	나와마
열째	ဒသမ	닷따마

그러나 ပဌမ(첫째), ဒုတိယ(둘째), တတိယ(셋째), စတုတ္ထ(넷째) 이외에는 별로 쓰지 않는다. 그 대신에 {기수+조수사+မြောက်}라는 표현을 주로 사용한다.

스물 여덟 번째 사람
၂၀ယောက်မြောက်လူ
흐나새싯 야욱먀욱 루

제 28회 독립 기념일
၂၀ကြိမ်မြောက်လွတ်လပ်ရေးနေ့
흐나새싯 쩨잉먀욱 룻랍예네

5. 시각과 시

오전 6시	မနက်၆နာရီ	마낵 차욱 나이
오전 9시	မနက်၉နာရီ	마낵 꼬 나이
정오	မွန်းတည့်ချိန်	뭉때제잉
오후 1시	မွန်းလွဲတစ်နာရီ	뭉르왜 따나이
오후 4시	ညနေ၄နာရီ	냐네 레 나이
오후 6시	ညနေ၆နာရီ	냐네 차욱 나이
오후 9시	ည၉နာရီ	냐 꼬 나이

자정	ညသန်းခေါင်အချိန်	냐다가웅아체잉
8시 반	၈နာရီခွဲ	싯 나이 꽤
9시 45분	၉နာရီ၄၅မိနစ်	꼬 나이 레재응아 미닛
	၁၀နာရီမတ်တင်း	새 나이 맛띵
2시 15분	၂နာရီ၁၅မိနစ်	흐나나이 새응아 미닛
3시 20분	၃နာရီမိနစ်၂၀	또웅 나이 미닛 흐나새
5시 5분 전	၅နာရီထိုးဖို့၅မိနစ်အလို	응아 나이 토 보 응아 미닛 알로
세기	ရာစုနှစ်	야추흐닛
년	နှစ်	흐닛
신년	နှစ်သစ်	흐닛띳
금년	ဒီနှစ်	디흐닛
작년	မနှစ်က	마흐닛까
내년	နောင်နှစ်	나웅흐닛
달	လ	라
이 달	ဒီလ	디라
지난달	အရင်လ	아잉라
다음달	နောက်လ	나욱라

한국어	미얀마어	발음
금주	ဒီအပတ်	디아빳
지난주	အရင်အပတ်	아잉아빳
다음주	နောက်အပတ်	나욱아빳
일	နေ့	네
오늘	ဒီနေ့	디네
어제	မနေ့က	마네가
그제	တစ်နေ့က	따네가
내일	မနက်ဖန်	마낵팡
모레	သန်ဘက်ခါ	다백카
매일	နေ့တိုင်း	네다잉
종일	တစ်နေ့လုံး	따네로웅
격일	တစ်ရက်ခြား	따얘액차
오래지 않아	မကြာခင်	마짜킹
지금	အခု	아쿠
아침	မနက်	마낵
오늘 아침	ဒီမနက်	디마낵
내일 아침	မနက်ဖန်မနက်	마낵팡 마낵
어제 아침	မနေ့မနက်က	마네마낵까

아침 일찍	မနက်စောစော	마낵 쏘조
오후	ညနေ	냐네
오늘 오후	ဒီညနေ	디냐네
어제 오후	မနေ့ညနေက	마네냐네가
밤	ည	냐
오늘 밤	ဒီည	디냐
어젯밤	မနေ့ညက	마네냐가
밤새껏, 밤새도록	တစ်ညလုံး	따냐로웅

6. 달

(1) 태양력

1월	ဇန်နဝါရီလ	장나와리라
2월	ဖေဖော်ဝါရီလ	페포와리라
3월	မတ်လ	맛라
4월	ဧပြီလ	에쁘리라
5월	မေလ	메라
6월	ဇွန်လ	중라

7월	ဇူလိုင်လ	주라잉라
8월	သြဂုတ်လ	오고욷라
9월	စက်တင်ဘာလ	쌕띵바라
10월	အောက်တိုဘာလ	아욱또바라
11월	နိုဝင်ဘာလ	노웡바라
12월	ဒီဇင်ဘာလ	디징바라
1월 1일	နှစ်ဆန်းတစ်ရက်နေ့	흐닛상 따얘액네
12월 31일	ဒီဇင်ဘာလကုန်	디징바라꼬웅

(2) 미얀마력

미얀마력은 태음력으로서 미얀마에서는 이 미얀마력도 때에 따라 곧잘 사용한다. 미얀마력의 1년은 태양력의 4월경에 시작하여 3월경에 끝나는데, 따라서 미얀마력 1월은 태양력의 거의 4월에 해당한다.

미얀마력 1월	တန်ခူးလ	다구라
미얀마력 2월	ကဆုန်လ	까소웅라
미얀마력 3월	နယုန်လ	나요웅라
미얀마력 4월	ဝါဆိုလ	와조라

미얀마력 5월	ဝါခေါင်လ	와가웅라
미얀마력 6월	တော်သလင်းလ	또달링라
미얀마력 7월	သီတင်းကျွတ်လ	다딩춧라
미얀마력 8월	တန်ဆောင်မုန်းလ	다자웅모웅라
미얀마력 9월	နတ်တော်လ	나도라
미얀마력 10월	ပြာသိုလ	빠도라
미얀마력 11월	တပို့တွဲလ	다보돼라
미얀마력 12월	တပေါင်းလ	다바웅라

7. 날짜

1일	၁ရက်နေ့	따얘액네
2일	၂ရက်နေ့	흐나얘액네
3일	၃ရက်နေ့	또웅얘액네
4일	၄ရက်နေ့	레얘액네
5일	၅ရက်နေ့	응아얘액네
6일	၆ရက်နေ့	차욱얘액네
7일	၇ရက်နေ့	쿤흐나얘액네
8일	၈ရက်နေ့	싯얘액네

9일	၉ရက်နေ့	꼬애액네
10일	၁၀ရက်နေ့	새애액네
11일	၁၁ရက်နေ့	새따애액네
12일	၁၂ရက်နေ့	새흐나애액네
13일	၁၃ရက်နေ့	새또웅애액네
14일	၁၄ရက်နေ့	새레애액네
15일	၁၅ရက်နေ့	새응아애액네
16일	၁၆ရက်နေ့	새차욱애액네
17일	၁၇ရက်နေ့	새쿤흐나애액네
18일	၁၈ရက်နေ့	새싯애액네
19일	၁၉ရက်နေ့	새꼬애액네
20일	၂၀ရက်နေ့	흐나새애액네
21일	၂၁ရက်နေ့	흐나새따애액네
22일	၂၂ရက်နေ့	흐나새흐나애앳네
23일	၂၃ရက်နေ့	흐나새또웅애액네
24일	၂၄ရက်နေ့	흐나새레애액네
25일	၂၅ရက်နေ့	흐나새응아애액네
26일	၂၆ရက်နေ့	흐나새차욱애액네

27일	၂၇ရက်နေ့	흐나섀쿤흐나섀애+액네
28일	၂၈ရက်နေ့	흐나섀싯애+액네
29일	၂၉ရက်နေ့	흐나섀꼬애+액네
30일	၃၀ရက်နေ့	또웅재애+액네
31일	၃၁ရက်နေ့	또웅재따애+액네

8. 요일

일요일	တနင်္ဂနွေနေ့	따닝가눼네
월요일	တနင်္လာနေ့	따닝라네
화요일	အင်္ဂါနေ့	잉카네
수요일	ဗုဒ္ဓဟူးနေ့	보웃다후네
목요일	ကြာသပတေးနေ့	짜다바데네
금요일	သောကြာနေ့	따욱짜네
토요일	စနေနေ့	싸네네

9. 계절

미얀마의 계절은 다음과 같이 삼계절로 나누어진다.

여름	နွေအခါ	눼아카
	နွေရာသီ	눼야디
	နွေဥတု	눼우투
우기	မိုးအခါ	모아카
	မိုးရာသီ	모야디
	မိုးဥတု	모우투
	မိုးတွင်း	모드윙
겨울	ဆောင်းအခါ	사웅아카
	ဆောင်းရာသီ	사웅야디
	ဆောင်းဥတု	사웅우투
	ဆောင်းတွင်း	사웅드윙

그리고 한국의 사계절의 경우는 다음과 같이 부를 수 있다.

봄	နွေဦးရာသီ	눼우야디
여름	နွေရာသီ	눼야디
가을	ဆောင်းဦးရာသီ	사웅우야디
겨울	ဆောင်းရာသီ	사웅야디

10. 공간과 방위

안	အထဲ	아태
밖	အပြင်	아삥
위	အပေါ်	아뽀
아래	အောက်	아욱
앞	ရှေ့	셰
뒤	နောက်	나욱
우	ညာ	냐
	လက်ယာ	랙야
좌	ဘယ်	배
	လက်ဝဲ	랙왜
한가운데, 중앙	အလယ်	알래
사이	ကြား	자
동	အရှေ့	아셰
서	အနောက်	아나욱
남	တောင်	따웅
북	မြောက်	먀욱
동남	အရှေ့တောင်	아셰따웅

동북	အရှေ့မြောက်	아셰먀욱
서남	အနောက်တောင်	아나욱따웅
서북	အနောက်မြောက်	아나욱먀욱
길이	အလျား	알랴
	အရှည်	아셰
폭	အနံ	아낭
넓이	အကျယ်	아째
높이	အမြင့်	아밍
두께	အထူ	아투
	ထု	투
깊이	အနက်	아넥
	ဇောက်	자욱

11. 국명과 지명

아시아	အာရှ	아샤
아프리카	အာဖရိက	아파리까
유럽	ဥရောပ	우요빠
아메리카	အမေရိက	아메리까

부록 **207**

북아메리카	မြောက်အမေရိက	먀욱아메리까
남아메리카	တောင်အမေရိက	따웅아메리까
오스트레일리아	ဩစတြေးလီးယား	오싸따레리야
일본	ဂျပန်	자빵
미얀마	မြန်မာ	미얀마
버마(구 미얀마)	ဗမာ	바마
코리아	ကိုရီးယား	꼬리야
남한	တောင်ကိုရီးယား	따웅꼬리야
북한	မြောက်ကိုရီးယား	먀욱꼬리야
태국	ထိုင်း	타잉
	ယိုးဒယား	요다야
라오스	လော	로
중국	တရုတ်	따요웃
인도	အိန္ဒိယ	에잉디야
	ကုလား	깔라
방글라데시	ဘင်္ဂလားဒေ့ရှ်	빙갈라데시
영국	ဗြိတိသျှ	비띠샤
	အင်္ဂလန်	잉갈랑

프랑스	ပြင်သစ်	삥띳
독일	ဂျာမန်	자망
	ဂျာမနီ	자마니
러시아	ရုရှား	유샤
이탈리아	အီတလီ	이딸리
체코슬로바키아	ချက်ကိုစလိုဗားကီးယား	책꼬쌀로바끼야
유고슬라비아	ယူဂိုစလားဗီးယား	유고쌀라비야
베트남	ဗီယက်နမ်	비얙낙낭
캄보디아	ကမ္ဘောဒီးယား	깜보디야
말레이지아	မလေးရှား	말레샤
싱가폴	စင်္ကာပူ	씽가뿌
인도네시아	အင်ဒိုနီးရှား	잉도니샤
필리핀	ဖိလစ်ပိုင်	피릿빠잉
파키스탄	ပါကစ္စတန်	빠끗싸땅
스리랑카	သီရိလင်္ကာ	띠리링까
실론	သီဟိုဠ်	띠호
네팔	နီပေါ	니뽀

브라질	ဘရာဇီး	바라지
캐나다	ကနေဒါ	까네다
이집트	အီဂျစ်	이칫
그리스	ဂရိ	가리
이란	အီရန်	이랑
이라크	အီရတ်	이랏
이스라엘	အစ္စရေး	잇자레
요르단	ဂျော်ဒန်	조당
레바논	လက်ဘနွန်	랙바눙
멕시코	မက်ဆီကို	맥시꼬
뉴질랜드	နယူးဇီလန်	나유지랑
노르웨이	နော်ဝေ	노웨
파나마	ပနားမား	빠나마
팔레스타인	ပါလက်စတိုင်	빠랙싸따잉
폴란드	ပိုလန်	뽀랑
포르투갈	ပေါ်တူဂီ	뽀뚜기
스페인	စပိန်	싸뻬잉
스웨덴	ဆွီဒင်	스위딩

스위스	ဆွစ်	스윗
터어키	တူရကီ	뚜라끼
스칸디나비아	စကင်ဒီေနးဗီးယား	싸낑디네비야
뉴욕	နယူးယောက်	나유야욱
런던	လန်ဒန်	랑당
파리	ပါရစ်	빠릿
모스크바	မော်စကို	모싸꼬
동경	တိုကျို	또쬬
북경	ပီကင်း	삐낑
방콕	ဘန်ကောက်	방가욱
캘커타	ကလကတ္တား	까라깟따
사이공	ဆေးဂုံ	세고웅
하노이	ဟနွိုင်	하놔잉
프놈펜	ပနွမ်းပင်	파눔뼁
쿠알라룸푸르	ကွာလာလာမ်ပူ	꽈라랑뿌
자카르타	ဂျာကာတာ	자까따
마닐라	မနီလာ	마니라
콜롬보	ကိုလံဘို	꼬랑보

카트만두	ခတ္တမန္ဒူ	캇따망두
홍콩	ဟောင်ကောင်	하웅까웅
말레이반도	ပသျှူးကျွန်းဆွယ်	빠슈쭝쾌
벵갈만	ဘင်္ဂလားပင်လယ်အော်	빙갈라뼁래오
안다만해	ကပွလီပင်လယ်	깝빨리뼁래
에야와디강	ဧရာဝတီမြစ်	에야와디밋
칭드윙강	ချင်းတွင်းမြစ်	칭드윙밋
땅르윙강	သံလွင်မြစ်	땅르윙밋
아라칸산맥	ရခိုင်ရိုးမ	야카잉요마
샹고원	ရှမ်းကုန်းပြင်မြင့်	샹꼬웅빙밍
카까보라지산	ခါကဘိုရာဇီတောင်	카까보라지따웅
위또리야산	ဝိတိုရိယတောင်	위또리야따웅
잉레호	အင်းလေးကန်	잉레깡
잉야호	အင်းလျားကန်	잉야깡

12. 미얀마의 행정 구역과 그 행정청 소재지

1974년 헌법에 의하면, 미얀마의 행정 구역은 7개의 省(division)과 7개의 州(state)로 되어 있다. 省은 버마족이 주로 사는 중앙 평지부 지역, 州는 소수민족 거주 지역에 대한 명칭으로, 省과 州는 행정 구획으로서는 완전히 동격이다. 여기서 州는 自治州를 의미하지는 않는다.

양공省	ရန်ကုန်တိုင်း(ရန်ကုန်)	
	양고웅따잉(양고웅)	
만달레省	မန္တလေးတိုင်း(မန္တလေး)	
	망달레따잉(망달레)	
바고省	ပဲခူးတိုင်း(ပဲခူး)	
	바고따잉(바고)	
마궤省	မကွေးတိုင်း(မကွေး)	
	마궤따잉(마궤)	
에야와디省	ဧရာဝတီတိုင်း(ပုသိမ်)	
	에야와디따잉(빠떼잉)	
자가잉省	စစ်ကိုင်းတိုင်း(စစ်ကိုင်း)	
	자가잉따잉(자가잉)	
따닝따이省	တနသ်္ဿရီတိုင်း(ထားဝယ်)	
	따닝따이따잉(다왜)	

까칭州	ကချင်ပြည်နယ်(မြစ်ကြီးနား)	
	까칭삐내(밋찌나)	
까야州	ကယားပြည်နယ်(လွိုင်ကော်)	
	까야삐내(롸잉꼬)	
까잉州	ကရင်ပြည်နယ်(ဘားအံ)	
	까잉삐내(파앙)	
칭州	ချင်းပြည်နယ်(ဟားခါး)	
	칭삐내(하카)	
몽州	မွန်ပြည်နယ်(မော်လမြိုင်)	
	몽삐내(모라먀잉)	
라카잉州	ရခိုင်ပြည်နယ်(စစ်တွေ)	
	라카잉삐내(씻뛔)	
샹州	ရှမ်းပြည်နယ်(တောင်ကြီး)	
	샹삐내(따웅지)	

13. 색

녹색	အစိမ်းရောင်	아쎄잉야웅
연한 녹색	အစိမ်းနုရောင်	아쎄잉누야웅
진한 녹색	အစိမ်းရင့်ရောင်	아쎄잉잉야웅

남색	မဲနယ်ရောင်	매내야웅
회색	မီးခိုးရောင်	미코야웅
파란색	အပြာရောင်	아빠야웅
하늘색	မိုးပြာရောင်	모뱌야웅
자주색	ခရမ်းရောင်	카양야웅
노란색	အဝါရောင်	아와야웅
검은색	အနက်ရောင်	아낵야웅
빨간색	အနီရောင်	아니야웅
주홍색	ကြက်သွေးရောင်	짹뛔야웅
하얀색	အဖြူရောင်	아퓨야웅
상아색	ဆင်စွယ်ရောင်	싱쵀야웅
분홍색	ပန်းရောင်	빵야웅
갈색	အညိုရောင်	아뇨야웅
오렌지색	လိမ္မော်ရောင်	레잉모야웅

14. 서적과 문방구

서점	စာအုပ်ဆိုင်	싸오웁사잉

문방구점	စာရေးကိရိယာဆိုင်	싸예까리야자잉
도서관	စာကြည့်တိုက်	싸찌다익
신문	သတင်းစာ	다딩차
사전	အဘိဓာန်	아비당
볼펜	ဘောပင်	보뼁
북 엔드(책꽂이)	စာအုပ်ညှပ်ဒေါက်	싸오웁흐냐압다욱
색연필	ရောင်စုံခဲတံ	야웅조웅캐당
	နီပြာခဲတံ	니뱌캐당
	ရောင်စုံပဲယောင်း	야웅조웅파야웅
일기	နေ့စဉ်မှတ်တမ်း	네징흐맛땀
제도 용구 세트	ပုံဆွဲကိရိယာစုံ	뽀웅쵀까리야조웅
봉투	စာအိတ်	싸에잇
큰 봉투	စာအိတ်အကြီး	싸에잇아찌
작은 봉투	စာအိတ်အသေး	싸에잇아떼
지우개(잉크용)	မင်ပျက်	흐밍뼤액
지우개(연필용)	ခဲပျက်	캐뼤액
만년필	မင်တံ	흐밍당

	ပေါင်တိန့်	파웅떼잉
풀, 접착제	ကော်	꼬
잉크(등사판용)	မိတ္တူကူးမင်	메잇뚜꾸흐밍
잉크(만년필용)	မင်	흐밍
검은 잉크	မင်နက်	흐밍낵
빨간 잉크	မင်နီ	흐밍니
편지꽂이	စာတွဲအပုံး	싸돼아포웅
지도	မြေပုံ	몌보웅
종이 천공기	ဖောက်စက်	파욱쎅
펜	ကလောင်	깔라웅
	ကလောင်တံ	깔라웅땅
펜촉	ကလောင်သွား	깔라웅똬
공책	မှတ်စုစာအုပ်	흐맛쑤싸오웁
종이	စက္ကူ	쌕꾸
편지지	စာရေးစက္ကူ	싸예쌕꾸
압지	မင်နှိုပ်စက္ကူ	흐밍흐네입쌕꾸
카본지, 카본 인화지	ကာဘွန်စက္ကူ	까붕쌕꾸
	မင်ခံစက္ကူ	흐밍캉쌕꾸

제도 용지, 도화지	ပုံဆွဲစက္ကူ။	뽀웅쇄쌕꾸
복사지	မိတ္တူကူးစက္ကူ။	메잇뚜꾸쌕꾸
가공 아트지	ကြေးစက္ကူအတု	쯔웨쌕꾸아뚜
사진 복사지	ဓာတ်ပုံမိတ္တူကူးစက္ကူ။	닷뽀웅메잇뚜꾸쌕꾸
신문지	သတင်းစာစက္ကူ။	다딩자쌕꾸
화장지	အိမ်သာသုံးစက္ကူ။	에잉다또웅쌕꾸
투사지	ထပ်ကူးစက္ကူ။	탑꾸쌕꾸
포장지	ကုန်ထုပ်စက္ကူ။	꼬웅토웁쌕꾸
클립	ရုံးသုံးကလစ်	요웅도웅깔릿
종이 내프킨	စက္ကူလက်သုတ်ပဝါ	쌕꾸랙또웃빠와
페이퍼 웨이트	စာရွက်ဖိ	싸유액비
연필	ခဲတံ	캐당
연필깎기	ခဲတံချွန်စက်	캐당충잭
	ခဲတံချွန်ဓား	캐당충다
우편 엽서	ပို့စကတ်	뽀싸깟

우편 저울	စာချိန်ခွင်	싸체잉그윙
피트 자	ပေတံ	뻬당
직선 자	မျဉ်းတံ	밍당
직각 자(목공용)	ကျင်တွယ်	찡뙈
가위	ကတ်ကြေး	깟찌
실링 왁스(봉랍)	ချိပ်	체입
스테이플러(호치키스)	ချပ်စက်	초웁쌕
스테이플 핀	ချပ်စက်အပ်	초웁쌕압
실, 끈, 노끈	ကြိုး	쪼
그림 물감	ပန်းချီဆေး	바치쎄
칼	ဓား	다
붓	စုတ်တံ	쏘웃땅
	စုတ်	쏘웃
달력	ပြက္ခဒိန်	뻬얘액가데잉
콤파스	ကွန်ပါ	꿩빠
나침반	ကွန်ပါအိမ်မြှောင်	꿩빠에잉흐먀웅
컴퓨터	ကွန်ပျူတာ	꿩쀼따

전자 계산기	ကွန်ပျူတာသချႍာစက်	꽁쀼따띵차쌕
명함	နာမည်ကတ်ပြား	나매깟빠
수첩	အိတ်ဆောင်စာအုပ်	에잇사웅싸오웁

15. 직업

대학 교수	ပါမောက္ခ	빠마욱카
총·학장	ပါမောက္ခချုပ်	빠마욱카조웁
남교사	ကျောင်းဆရာ	짜웅사야
여교사	ကျောင်းဆရာမ	짜웅사야마
의사	ဆရာဝန်	사야웡
여의사	ဆရာဝန်	사야웡
	ဆရာဝန်မ	사야웡마
치과 의사	သွားစိုက်ဆရာဝန်	똬싸익사야웡
	သွားဆရာဝန်	똬사야웡
한방의	သမား	따마
과학자	သိပ္ပံပညာရှင်	떼입빵뻥냐싱

한국어	미얀마어	발음
사회 사업가	လူမှုဝန်ထမ်းလုပ်သား	루흐무웽당로웁따
여행 안내업자	ခရီးသွားလုပ်ငန်းကိုယ်စားလှယ်	카이똬로웁응앙꼬잘래
부동산 중개업자	မြေပွဲစား	몌쁘왜자
	အိမ်ပွဲစား	에잉쁘왜자
구매업자	အဝယ်တော်	아왜도
음악가	ဂီတပညာရှင်	기따빤냐싱
화가	ပန်းချီဆရာ	바지사야
작가	စာရေးဆရာ	싸예사야
시인	ကဗျာဆရာ	가뱌사야
모델	ကိုယ်ဟန်ပြမယ်	꼬항뺘매
변호사	ရှေ့နေ	셰네
신문 기자	သတင်းစာဆရာ	다딩차사야
보험업자	အာမခံကိုယ်စားလှယ်	아마캉꼬잘래
호텔 지배인	ဟိုတယ်မန်နေဂျာ	호때망네자
미용사	ဆံပင်အလှပြင်သူ	자빙아흘라삥두

기술자, 엔지니어	အင်ဂျင်နီယာ	잉칭니야
경제학자	ဘောဂဗေဒပညာရှင်	보가베다빵냐싱
의상 디자이너	အကျိုပုံစံထုတ်တဲ့သူ	잉지뽀웅장토웃때두
선교사	သာသနာပြု	따다나뷰
사업가	စီးပွားရေးလုပ်ငန်းရှင်	씨봐예로웁응앙싱
자동차 정비사	ယာဉ်ပြင်	잉빙
건축가	ဗိသုကာ	비뚜까
남배우	သရုပ်ဆောင်မင်းသား	따요웁사웅밍다
여배우	သရုပ်ဆောင်မင်းသမီး	따요웁사웅밍다미
사무원, 서기	စာရေး	싸예
운전수	ကားဆရာ	까사야
	ကားမောင်းသမား	까마웅다마
농부	လယ်သမား	래다마
노동자	အလုပ်သမား	알로웁따마

가수	သီချင်းဆိုသူ	따칭소투
간호사	သူနာပြု	뚜나뷰
	သူနာပြုဆရာမ	뚜나뷰사야마
공무원	ပြည်သူ့ဝန်ထမ်း	삐두웡당
	အစိုးရဝန်ထမ်း	아쏘야웡당
군인	စစ်သား	씻따
외교관	သံတမန်ဝန်ထမ်း	땅따망웡당
<u>스포츠맨</u>	အားကစားသမား	아가자다마
회사원	ကုမ္ပဏီဝန်ထမ်း	꼬웅빠니웡당

16. 쇼핑 리스트

골동품	ရှေးဟောင်းပစ္စည်း	셰하웅뼛씨
꽃	ပန်း	빵
조화	ပန်းတု	빵두
핸드백(여성용)	လက်ပွေ့အိတ်	랙쀄에잇
여행 가방	ခရီးဆောင်အိတ်	카이자웅에잇
손가방	လက်ဆွဲအိတ်	랙쇄에잇

한국어	미얀마어	발음
서류 가방	ရုံးအိတ်	요웅에잇
등나무 바구니	ကြိမ်ခြင်း	쩨잉칭
세탁물 바구니	ဒိုဘီခြင်း	도비칭
쓰레기 바구니	အမှိုက်ခြင်း	아흐마익칭
수영복	ရေကူးဝတ်စုံ	예꾸우웃쏘웅
건전지	ဓာတ်ခဲ	닷캐
침대 시트	အိပ်ရာခင်း	에입야킹
벨트	ခါးပတ်	가밧
자전거	စက်ဘီး	쌕베잉
담요, 모포	စောင်	싸웅
베개	ခေါင်းအုံး	가웅오웅
긴 베개, 베개 받이	ပွေ့အုံး	쁘웨오웅
책	စာအုပ်	싸오웁
부츠, 긴 구두	ဘွတ်ဖိနပ်	붓파납
반바지	ဘောင်းဘီတို	바웅비도
비, 빗자루	တံမြက်စည်း	다비얘액씨
단추	ကြယ်သီး	째디
사진기	ကင်မရာ	낑마라

한국어	미얀마어	발음
가구	ပရိဘောဂ	빠리보가
가구(특히 가정용)	အိမ်ထောင်ပရိဘောဂ	에잉다웅빠리보가
양탄자	ကော်ဇော	꼬조
의자	ကုလားထိုင်	깔라타잉
도자기	ကြွေထည်	쯔웨대
성냥	မီးခြစ်	미찟
걸레(청소용)	ပုံသုတ်အဝတ်	포웅또웃아우엇
걸레(마루 닦기용)	ကြမ်းတိုက်အဝတ်	쌍따익아우엇
행주	ပန်းကန်သုတ်အဝတ်	바강또웃아우엇
책상보	စားပွဲခင်း	자빼깅
도자기 등에 까는 받침	လင်ပန်းခင်း	링방깅
요리 용구(식기, 남비 등)	အိုးခွက်	오크왝
화장품	အလှကုန်ပစ္စည်း	아흘라고웅삣씨
무명 옷감	ချည်ထည်	치대

비단 옷감	ပိုး ထည်	뽀대
유리 제품	ဖန်ထည်	팡대
받침 접시가 딸린 컵	လက်ဖက်ရည်ပန်းကန်စုံ	라팩예바강조웅
방석	ဖုံ	포웅
세제	ကြေးချွတ်ဆေး	지춧세
디너 세트	ထမင်းစားပန်းကန်စုံ	타밍싸바강조웅
소독약, 살균제	ရောဂါပိုးသတ်ဆေး	요가뽀땃세
살충제	ပိုးသတ်ဆေး	뽀땃세
부인복	မိန်းမဝတ်	메잉마우엇
아동복(소녀용)	မိန်းကလေးဝတ်	메잉갈레우엇
전기 제품	လျှပ်စစ်ပစ္စည်း	흘리얍씻뺏씨
침대	ခုတင်	가팅
접는 침대	ခေါက်ခုတင်	카욱가팅
요리용 가스 레인지	ဓာတ်ငွေ့မီးပို	닷응웨미보
가스통	ဓာတ်ငွေ့ဘူး	닷응웨부

한국어	미얀마어	발음
가정용 유리컵	အိမ်သုံးပန်းခွက်	에잉도웅팡그왝
모자	ဦးထုပ်	오웃토웁
머리 장식, 머리 가리개	ဦးဆောင်း	오웃사웅
니트 웨어	ဇာထိုးပန်းထိုး	자토빵토
라이터 돌	မီးခြစ်ကျောက်	미칫짜욱
라이터 연료유	မီးခြစ်လောင်စာဆီ	미칫라웅차시
자물쇠	သော့ခလောက်	또갈라욱
열쇠	သော့	또
매니큐어 도구	လက်သည်းထိုးကိရိယာ	랙때토까리야
돗자리, 멍석	ဖျာ	퍄
	အခင်း	아킹
매트리스, 요	မွေ့ရာ	웨야
안경	မျက်မှန်	미얘액흐망
거울	မှန်	흐망
	ကြည့်မှန်	찌흐망
모기장	ခြင်ထောင်	칭다웅

악기	တူရိယာ	뚜리야
레코드	ဓာတ်ပြား	닷빠
향수	ရေမွှေး	예흐웨
커피 끓이개	ကော်ဖီပေါင်းအိုး	꼬피빠웅오
사진틀, 액자	ဓာတ်ပုံပေါင်	닷뽀웅바웅
찻잔	ပန်းကန်ခွက်ယောက်	바강쾌액야욱
병, 항아리, 단지	ပန်ဘူး	팡부
요리용 냄비	အိုး	오
돈지갑	ပိုက်ဆံအိတ်	빠익상에잇
비옷	မိုးကာ	모가
라디오	ရေဒီယို	레디요
전기 면도기	မုတ်ဆိတ်ရိတ်စက်	모웃세잇예잇쌕
면도칼	မုတ်ဆိတ်ရိတ်ဓား	모웃세잇예잇다
기성복	ချုပ်ထည်	초웁태
냉장고	ရေခဲသေတ္တာ	예개뗏따
신	ဖိနပ်	파납

샌달	ညှပ်ဖိနပ်	흐냐압파납
구두끈	ဖိနပ်ကြိုး	파납쪼
구두약	ဖိနပ်တိုက်ဆေး	파납따익세
저울	ချိန်ခွင်	체잉그윙
가위	ကတ်ကြေး	깟찌
쇠그물 창	ခြင်ဆန်ခါတံခါး	칭자가다가
재봉틀	အပ်ချုပ်စက်	압초웁쌕
스포츠용품	အားကစားပစ္စည်း	아가자뼛씨
문방구	စာရေးကိရိယာ	싸예까리야
책상	စားပွဲ	자뵈
다리미질 책상	မီးပူတိုက်ခုံ	미부따익코웅
타자기 책상	လက်နှိပ်စက်စားပွဲ	랙흐네입쌕자뵈
테이블 램프	စားပွဲတင်မီး	자뵈띵미
흑백 텔레비젼	အဖြူအမဲရုပ်မြင်သံကြားစက်	아퓨아매요웁뮹땅자쌕
칼라 텔레비젼	ရောင်စုံရုပ်မြင်သံကြားစက်	야웅조웅요웁뮹땅자쌕
도시락	ထမင်းချိုင့်	타밍자잉

	ဆွဲချိုင့်	쇄자잉
쟁반, 납작한 접시	လင်ပန်း	링방
속옷	အတွင်းခံ	아뜨윙캉
속옷(남성용)	စွပ်ကျယ်	쑵째
속옷(여성용)	ချေးခံ	췌캉
진공 청소기	ဖုန်စုပ်စက်	포웅쑈웁쌕
시계	နာရီ	나이
가발	ဆံတု	자두
커텐	ခန်းဆီး	캉지
유니폼	ယူနီဖောင်း	유니파웅
	ဝတ်စုံ	우엇쏘웅

17. 사람

사람	လူ	루
남자	ယောကျာ်း	야욱짜
여자	မိန်းမ	메잉마
남편	လင်	링

	ယောက်ျား	야욱짜
아내	မယား	마야
	မိန်းမ	메잉마
아들	သား	따
딸	သမီး	따미
소년	ယောက်ျား(က)လေး	야욱짜(갈)레
	လူ(က)လေး	루갈레
소녀	မိန်းကလေး / မိန်းမ(က)လေး	
	메잉갈레/메잉마(갈)레	
어린이	ကလေး	칼레
유아	နို့စို့	노초
	နို့စို့(က)လေး	노초(갈)레
노인	လူအို	루오
	သက်ကြီးရွယ်အို	땍씨유애오
노파	အမယ်ကြီး	아매지
	အမယ်အို	아매오
	အမယ်ကြီးအို	아매지오
장년	လူကြီး	루지

한국어	버마어	발음
중년	လူလတ်	루랏
청년	လူငယ်	루응애
총각	လူပျို	루뵤
처녀	အပျို	아뵤
형제	ညီအစ်ကို	니아꼬
자매	ညီအစ်မ	니아마
형제자매	ညီအစ်ကိုမောင်နှမ	니아꼬마웅흐나마
형, 오빠	အစ်ကို	아꼬
누나, 언니	အစ်မ	아마
남동생(형에서 본)	ညီ	니
남동생(누나에서 본)	မောင်	마웅
여동생(오빠에서 본)	နှမ	흐나마
여동생(언니에서 본)	ညီမ	니마
아버지	အဖေ	아페
어머니	အမေ	아메
할아버지	အဖိုး	아포
할머니	အဖွား	아퐈

큰아버지(백부)	ဘကြီး	바지
작은아버지(숙부)	ဘထွေး	바풰
외숙부(어머니의 오빠)	ဦးကြီး	우지
외숙부(어머니의 남동생)	ဦးလေး	우레
백모, 이모 (어머니의 언니)	ကြီးတော်	지도
숙모, 이모 (어머니의 여동생)	အဒေါ်	아도
종형제, 종자매	တစ်ဝမ်းကွဲ	따웡꽤
조카	တူ	뚜
조카딸	တူမ	뚜마
부모	မိဘ	미바
장인, 장모, 시아버지, 시어머니	ယောက္ခမ	야욱카마
장인, 시아버지	ယောက္ခမယောက်ျား	야욱카마야욱싸
장모, 시어머니	ယောက္ခမမိန်းမ	야욱카마메잉마
양자	ကိတ္တိမသား	께잇띠마따

양녀	ကိတ္တိမသမီး	께잇띠마따미
홀아비	မုဆိုးဖို	모웃소보
과부	မုဆိုးမ	모웃소마
고아	မိဘမဲ့	미바매
	မိဘမဲ့ကလေး	미바매칼레
친구	သူငယ်ချင်း	따응애칭
	မိတ်ဆွေ	메잇쉐
주인	အိမ်ရှင်	에잉싱
	အိမ်ထောင်ဦးစီး	에잉다웅우치
여주인	အိမ်ရှင်မ	에잉싱마
시녀	အိမ်ပေါ်	에잉보
신사	လူကြီးလူကောင်း	루치루가웅
숙녀	မိန်းမကောင်း	메잉마가웅

18. 인체

머리	ခေါင်း	가웅
몸통	ကိုယ်ထည်	꼬대

사지	ခြေလက်အင်္ဂါ	치랙잉가
두개골	ခေါင်းခွံ	가웅쿵
이마	နဖူး	나푸
코	နှာခေါင်း	흐나카웅
귀	နား	나
입	ပါးစပ်	바잡
구강	ခံတွင်း	가드윙
혀	လျှာ	샤
치아	သွား	똬
윗입술	အထက်နှုတ်ခမ်း	아택흐나캉
아랫입술	အောက်နှုတ်ခမ်း	아욱흐나캉
위턱	မေးရိုး	메요
아래턱	မေးစေ့	메지
눈	မျက်စေ့	미얘액씨
눈동자	မျက်လုံး	미얘액로웅
	မျက်ဆန်	미얘액상
눈까풀	မျက်ခွံ	미얘액쿵
속눈썹	မျက်တောင်	미얘액따웅

눈썹	မျက်ခုံး	미얘액코웅
관자놀이	နား ထင်	나팅
얼굴	မျက်နှာ	미얘액흐나
뇌	ဦးနှောက်	오웅흐나욱
두발	ဆံပင်	자빙
털	အမွေး	아뭬
콧수염	နှုတ်ခမ်းမွေး	흐나캉뭬
턱수염	မုတ်ဆိတ်မွေး	모웃세잇뭬
	မုတ်ဆိတ်	모웃세잇
목	လည်ပင်း	래빙
목덜미	လည်ကုပ်	래고웁
인후	လည်ချောင်း	래자웅
어깨	ပခုံး	빠코웅
심장	နှလုံး	흐나로웅
등	ကျော	쪼
	ကျောကုန်း	쪼고웅
가슴	ရင်ဘတ်	잉밧
	ရင်အုပ်	잉오웁

가슴(여성의)	ရင်သား	잉다
	ရင်အုံ	잉오웅
배	ဗိုက်	바익
	ဝမ်းဗိုက်	웡바익
늑골, 갈빗대	နံရိုး	낭요
척추, 등뼈	ကျောရိုး	쵸요
폐	အဆုတ်	아소웃
위	အစာအိမ်	아싸에잉
장	အူ	우
대장	အူမ	우마
	အူမကြီး	우마지
소장	အူသိမ်	우데잉
맹장	အူအတက်	우아땍
십이지장	အူသိမ်ဦး	우데잉우
간	အသည်း	아때
신장	ကျောက်ကပ်	짜욱깝
자궁	သားအိမ်	따에잉
허리	ခါး	카

식도	အစာပြွန်	아싸쀼
둔부	တင်ပါး	띵바
	တင်ပါးဆုံ	띵바소웅
	ပင်	핑
항문	စအို	싸오
	ဒျိရပေါက်	댜야바욱
배꼽	ချက်	책
피부	အသားအရေ	아따아예
	အရေပြား	아예뱌
동공	သူငယ်အိမ်	따응애에잉
뼈	အရိုး	아요
근육	ကြွက်သား	쫴액따
살	အသား	아따
신경	အာရုံကြော	아요웅조
	အကြော	아쪼
혈액	သွေး	뛔
동맥	သွေးလွှတ်ကြော	뛔흘룻쪼
정맥	သွေးပြန်ကြော	뛔뱌앙조

손	လက်	랙
팔	လက်မောင်း	랙마웅
팔꿈치	တံတောင်ဆစ်	다다웅칫
손목	လက်ကောက်ဝတ်	랙까욱우엇
주먹	လက်ဆုပ်	랙소웁
	လက်သီး	랙띠
손가락	လက်ချောင်း	랙차웅
엄지 손가락	လက်မ	랙마
집게 손가락(식지)	လက်ညှိုး	랙흐뇨
가운뎃손가락(중지)	လက်ခလယ်	랙칼래
넷째 손가락(약지)	လက်သူကြွယ်	랙다쵀
새끼 손가락(소지)	လက်သန်း	랙땅
손바닥	လက်ဝါး	랙와
	လက်ဖဝါး	랙파와
손등	လက်ဖမိုး	랙파모
손톱	လက်သည်း	랙때
발	ခြေ	체

	ခြေထောက်	치다욱
정강이	ခြေသလုံး	치달로웅
	ညှိုသကျည်း	뇨다지
넓적다리, 가랑이	ပေါင်	빠웅
무릎	ဒူး	두
발뒤꿈치	ခြေဖနောင့်	치바나웅
발바닥	ခြေဖဝါး	치바와
발가락	ခြေချောင်း	치자웅
침	တံတွေး	다풔
땀	ချွေး	쉐
땀구멍	ချွေးအိတ်	쉐에잇
콧물	နှာရည်	흐나예
	နှပ်	흐납
담, 가래	သလိပ်	딸레입
눈물	မျက်ရည်	먀액예
눈곱	မျက်ချေး	먀액치
소변	ဆီး	시
	ကျင်ငယ်	찡응애

	သေး	떼
대변	ချေး	치
	ကျင်ကြီး	찡지
	မစင်	마씽
볼, 뺨	ပါး	빠
담낭, 쓸개	သည်းခြေအိတ်	때제에잇
망막	မြင်လွှာ	밍흘롸
모근	ဆံရင်း	상잉
	ဆံမြစ်	상밋

19. 가옥

방	အခန်း	아캉
침실	အိပ်ခန်း	에입캉
식당	ထမင်းစားခန်း	타밍싸캉
응접실	ညည့်ခန်း	애캉
서재	စာကြည့်ခန်း	싸찌캉
	စာဝတ်ခန်း	싸풋캉

부엌	မီးဖိုချောင်	미보자웅
화장실	အိမ်သာ	에잉다
현관	ဆင်ဝင်	싱윙
	ဖိနပ်ချွတ်	파납춧
복도	စင်္ကြံ	징창
	ပတ်လမ်း	빳랑
2층	အပေါ်ထပ်	아뽀탑
지하실	မြေအောက်ခန်း	몌아욱캉
계단	လှေကား	흘레가
2층집	နှစ်ထပ်အိမ်	흐나탑에잉
발코니	လသာဆောင်	라다자웅
베란다	ဝရန်တာ	와랑다
문	တံခါး	다가
창문	ပြတင်းပေါက်	바딩바욱
벽	နံရံ	낭양
천장	မျက်နှာကြက်	미얘액흐나책
마루	ကြမ်း	짱
지붕	အမိုး	아모

20. 실내 비품

한국어	미얀마어	발음
책상(사무용, 독서용)	စာရေးစားပွဲ	싸예자뺴
테이블	စားပွဲ	자뺴
의자	ကုလားထိုင်	깔라타잉
팔걸이 의자, 안락 의자	လက်တင်ကုလားထိုင်	랙띵깔라타잉
긴 의자, 소파	ခုံရှည်	코웅셰
	ဆိုဖာ	소파
벤치	ခုံတန်းလျား	코웅땅야
침대	ခုတင်	가딩
화로	မီးဖို	미보
책장	စာအုပ်ဗီရို	싸오웁비도
시계	နာရီ	나이
탁상 시계	စားပွဲတင်နာရီ	자뺴띵나이
벽시계	တိုင်ကပ်နာရီ	따잉깝나이
장롱	ဗီရို	비도
옷장	အဝတ်ဗီရို	아우엇비도
그림 액자	ပန်းချီကား	바지까

커텐	ကန့်လန့်ကာ	깔라가
꽃병	ပန်းအိုး	빵오
전등	မီးလုံး	미로웅
	မီးသီး	미디
양탄자	ကော်ဇော	꼬조
라디오	ရေဒီယို	레디요
텔레비젼 수상기	ရုပ်မြင်သံကြားစက်	요웁밍땅자쌕
선풍기	ပန်ကာ	빵까
피아노	စန္ဒရား	쌍다야
에어컨	လေအေး(ပေး)စက်	레에(뻬)책
세탁기	အဝတ်လျှော်စက်	아우엇쇼책

21. 요리

빵	ပေါင်မုန့်	빠웅모웅
버터	ထောပတ်	토밧
치즈	ဒိန်ခဲ	데잉개
잼	ယို	요

밥	ထမင်း	타밍
장	ပဲငံပြာရည်	빼응앙뱌예
소금	ဆား	사
설탕	သကြား	다자
맑은 스프	စွပ်ပြုတ်(ရည်)	쑵뽀웃(예)
고기	အသား	아따
쇠고기	အမဲသား	아매다
돼지고기	ဝက်သား	왝따
닭고기	ကြက်သား	짹따
스튜 요리	ပြုတ်ချက်	뽀웃책
로스트 비프	အမဲသားမီးကင်	아매다미킹
비프 스테이크	အမဲသားကြော်ချက်	아매다조책
국수	ခေါက်ဆွဲ	카욱쇄
삶은 계란	ကြက်ဥပြုတ်	짹우뽀웃
계란 후라이	ကြက်ဥကြော်	짹우조
굴 튀김	ကမာကြော်	까마조
새우 튀김	ပုစွန်ကြော်	바중조
감자 튀김	အာလူးကြော်	아루조

야채 샐러드	ဟင်းသီးဟင်း႐ွက်ဆလတ် 힝디힝유액살랏
파이	ငှာပနာမုန့် 타빠나모웅
아이스크림	ေရခဲမုန့် 예개모웅

22. 과일

코코야자	အုန်းသီး	오웅디
사과	ပန်းသီး	빵디
배	သစ်တော်သီး	띳또디
포도	စပျစ်သီး	자빗띠
버찌	ချယ်ရီသီး	채리디
복숭아	မက်မွန်သီး	맥뭉디
딸기	စထရောဘယ်ရီ	싸타로배리
오렌지	လိမ္မော်သီး	레잉모디
바나나	ငှက်ပျောသီး	응아뾰디
파인애플	နာနတ်သီး	나낫띠
참외	သခွားမွှေး	따콰흐웨
수박	ဖရဲသီး	파얘디

무화과	သပွန်းသီး	따퐁디
대추의 일종	တရုတ်ဆီးသီး	따요웃시디
두리안	ဒူးရင်းသီး	두잉디
망고	သရက်သီး	따얘액띠
망고스틴	မင်းကွတ်သီး	밍굿띠
파파야	သဘော်သီး	띵보디

23. 음료

물	ရေ	예
온수	ရေနွေး	예눼
냉수	ရေအေး	예에
녹차의 일종	ရေနွေးကြမ်း	예눼장
홍차	လက်ဖက်ရည်	라팩예
커피	ကော်ဖီ	꼬피
블랙 커피	ကော်ဖီမဲ	꼬피매
코코아	ကိုကိုး	꼬꼬
초코렛	ချောကလက်	초깔랙
술	အရက်	아얘액

알코올 음료	သေရည်သေရက်	떼이떼야액
포도주	ဝိုင်	와잉
	စပျစ်ရည်	자빗예
맥주	ဘီယာ	비야
브랜디	ဘရန်ဒီ	바랑디
꼬냑	ကောညက်	꼬니야액
샴페인	ရှန်ပိန်အရက်	샹빼잉아야액
쥬스	သစ်သီးရည်	띳띠예
사이다, 콜라	ဘိလပ်ရည်	비랍예
오렌지 쥬스	လိမ္မော်ရည်	레잉모예
우유	နွား့နို့	놔노

24. 복장

신사복 상의	အနောက်တိုင်းအကျီ	아나욱따잉잉지
조끼	အောက်ခံလက်တိုအကျီ	아욱캉랙또잉지
바지	ဘောင်းဘီ	바웅비

오바코트	အပေါ်အကျႌ	아뽀잉지
망토	ဝတ်ရုံ	우옷요웅
	ဝတ်လုံ	우옷로웅
모닝 코트	တိုက်ပုံအကျႌ	따익뽀웅잉지
프록 코트	အပေါ်အကျႌရှည်	아뽀잉지셰
연미복, 이브닝 드레스 (야회복)	ညနေခင်းဆင်ထည်	냐네킹싱대
턱시도, 디너 자켓	ညစာဝတ်ရုံ	냐자우옷요웅
브라자	ဘရာစီယာ	바라씨야
손수건	လက်ကိုင်ပဝါ	랙까잉빠와
평상복	နေ့စဉ်သုံးအဝတ်အစား	네칭도웅아우옷아싸
부인용 상의	ရင်ပုံးအကျႌ	잉보웅잉지
스카트	ထဘီအတို	타베잉아또
브라우스	ဘလောက်အကျႌ	발라욱잉지
스웨터	ဆွယ်တာ	쇄따
파자마	ညဝတ်အကျႌ	냐우옷잉지
와이셔츠	ရှပ်အကျႌ	샵잉지

팬티	အောက်ခံဘောင်းဘီ	아욱캉바웅비
솔	ရှောစောင်	쇼자웅
	တဘက်	다백
속옷	အတွင်းခံ	아뜨윙캉
남자용 속옷	စွပ်ကျယ်	숩째
여자용 속옷	ချေးခံ	췌캉
넥타이	လည်စည်း	래시
스카프	လည်ပတ်	래밧
장갑	လက်အိတ်	랙에잇
양말	ခြေစွပ်	치춥
	ခြေအိတ်	치에잇
스타킹	ခြေအိတ်ရှည်	치에잇셰
벨트	ခါးပတ်	가밧

25. 신

신, 구두	ဖိနပ်	파납
	ရှူးဖိနပ်	슈파납

	နောက်ပိတ်ဖိနပ်	나욱뻬잇파납
신 한 켤레	ဖိနပ်တစ်ရံ	파납따용
가죽 구두	သားရေဖိနပ်	따예파납
부츠, 장화	ဘွတ်ဖိနပ်	붓파납
샌달	ညှပ်ဖိနပ်	흐냐압파납
나막신	ခုံဖိနပ်	코웅파납
슬리퍼	စွပ်ဖိနပ်	쑵파납
	ရွှေထိုးဖိနပ်	셰도파납
구두 주걱	ဖနောင့်ချသံကော်	파나웅차땅고
구두약	ဖိနပ်တိုက်ဆေး	파납따익세
고무신	ရော်ဘာဖိနပ်	로바파납
하이힐	ခုံမြင့်ဖိနပ်	코웅밍파납

26. 교통 수단

기차	မီးရထား	미야타
급행 열차	အမြန်ရထား	아먄야타
완행 열차(보통 열차)	အနေးရထား	아흐네야타

	လော်ကယ်ရထား	로깨야타
여객 열차	လူစီးရထား	루씨야타
전차	ဓာတ်ရထား	닷야타
지하철	မြေအောက်ရထား	몌아욱야타
객차	လူစီးတွဲ	루씨돼
침대차	အိပ်ခန်းတွဲ	에입캉돼
식당차	စားသောက်တွဲ	싸따욱돼
화차	ကုန်တွဲ	꼬웅돼
우편차	စာတိုက်တွဲ	싸다익돼
기관차	ခေါင်းတွဲ	가웅돼
	မီးရထားခေါင်းတွဲ	미야타가웅돼
	မီးရထားစက်ခေါင်း	미야타쎅가웅
전기 기관차	လျှပ်စစ်မီးရထားစက်ခေါင်း	
	흘리얍씻미야타색가웅	
자동차	မော်တော်ကား	모또까
버스	ဘတ်စကား	밧싸까
택시	တက္ကစီ	땍까씨
	တက္ကစီကား	땍까씨까

렌타카	အငှားကား	아흥'아까
오토바이	မော်တော်ဆိုင်ကယ်	모또사잉깨
모터보트	မော်တော်ဘုတ်	모또보웃
자전거	စက်ဘီး	쌕베잉
비행기	လေယာဉ်ပျံ	레잉뱌앙
여객기	ခရီးသည်တင်လေယာဉ်	카이대딩레잉
배	သင်္ဘော	띵보
기선	မီးသင်္ဘော	미띵보
기차에 타다	ရထားစီးတယ်။	야타 씨 대
기차로 가다	မီးရထားနဲ့သွားတယ်။	미야타 내 똬 대
자동차로	မော်တော်ကားနဲ့	모또까 내
자전거로	စက်ဘီးနဲ့	쌕베잉 내
버스로	ဘတ်စကားနဲ့	밧싸까 내
여객기로	ခရီးသည်တင်လေယာဉ်နဲ့	카이대딩레잉 내
배로	သင်္ဘောနဲ့	띵보 내
도보로 가다	ခြေကျင်သွားတယ်။	치찡 똬 대

마차	မြင်းရထား	밍야타
	မြင်းလှည်း	밍흘래
우차	နွားလှည်း	놔흘래
	လှည်းယာဉ်	흘래잉

27. 질병

두통	ခေါင်းကိုက်ခြင်း	가웅까익싱
치통	သွားကိုက်ခြင်း	똬까익싱
복통	ဗိုက်နာခြင်း	바익나싱
감기	အအေးမိခြင်း	아에미싱
열병	အဖျား	아퍄
천식	ပန်းနာရောဂါ	빤나요가
기침	ချောင်းဆိုးခြင်း	차웅소싱
폐결핵	အဆုတ်ရောဂါ	아소웃요가
심장병	နှလုံးရောဂါ	흐나로웅요가
암	ကင်ဆာရောဂါ	낑사요가
빈혈	သွေးပျော့နာ	뛔뾰나

	သွေးအားနည်းခြင်း	뛔아내징
정신병	စိတ္တဇရောဂါ	쎄잇다자요가
황달	အသားဝါရောဂါ	아따와요가
당뇨병	ဆီးချိုရောဂါ	시초요가
고혈압	သွေးတိုးရောဂါ	뛔도요가
소화불량	အစာမကြေရောဂါ	아싸마쩨요가
중이염	နားအုံရောင်နာ	나오웅야웅나
콜레라	ကာလဝမ်းရောဂါ	까라웡요가
장티푸스	အူရောင်ငန်းဖျားရောဂါ 우야웅응앙뱌요가	
이질	ဝမ်းကိုက်နာ	웡까익나
	ဝမ်းကိုက်ရောဂါ	웡까익요가
류마치스	အဆစ်ရောင်နာ	아싯야웅나

문예림 도서목록

- 4주완성 독학 영어 첫걸음
- 지구촌 영어 첫걸음
- 영어회화 고민 이제 끝냅시다! Ⅰ
- 영어회화 고민 이제 끝냅시다! Ⅱ
- 아낌없이 주는 영어
- 비즈니스 영어
- 입에 술술 붙는 영단어
- 헷갈리는 영어 잡아먹기
- 톡톡튀는 신세대 영어 표현
- 패턴의 원리를 알면 영어가 보인다
- 간편한 여행 영어 회화
- 여행자를 위한 지구촌 영어 회화
- 눈으로 느끼고 가슴으로 읽는 영어
- 말장난으로 하는 영단어 DDR
- 1000만인 관광 영어 회화
- 영문 편지 쓰는 법
- 영어 왜 포기해!
- 우리아이 영어와 재미있게 놀기 영어
- 교사를 위한 영어학
- 영어 커뮤니케이션 가이드
- 영어가 제일 쉬웠어요
- 다모아 답에타(단어장)
- 일석오조(영단어)

- 이것이 토종 미국 영어다
- 미국 영어가 보인다
- 영작문 패턴으로 따라잡기
- Toefl Writing Master - class
- Harvard Vocabulary
- 미국 영어 회화
- 영어명문 30선
- 쉬운 영어, 쉬운 일본어-청춘
- 쉬운 영어, 쉬운 일본어-정열
- 쉬운 영어, 쉬운 일본어-도약
- 4주완성 독학 일본어 첫걸음
- 지구촌 일본어 첫걸음
- 실용 일본어 회화
- 배낭 일본어
- 1000만인 관광 일본어 회화
- 일본어 단어장
- 편리한 회화 수첩
- 일본여행 110
- 일본어 일기
- 김영진 일본어 문법 핵심 정리
- 껑먹고 알먹는 일본어 첫걸음
- 김영진과 함께 떠나는 여행 일본어 회화
- 일본어 급소 찌르기

노래로 배우는 일본어 1	실용 독일어 회화
노래로 배우는 일본어 2	여행필수 독일어 회화
4주완성 독학 중국어 첫걸음	배낭 독일어
실용 중국어 회화	독일어 편지 쓰기
여행필수 중국어 회화	영어대조 독일어 회화 (개정판)
영어대조 중국어 회화	독일어 무역 통신문
최신 중국어법 노트	PNdS독해평가
4주완성 독학 프랑스어 첫걸음	PNdS청취평가 구두시험
여행필수 프랑스어 회화	PNdS핵심 독문법
영어대조 프랑스어 회화	최신 독일어
프랑스어 편지 쓰기	독일어 문법과 연습
노래로 배우는 프랑스어 (1개)	노래로 배우는 독일어 (1개)
샹송으로 배우는 프랑스어 (2개)	수능 독일어
리듬테마로 배우는 프랑스어	배낭 유럽어
성경으로 배우는 프랑스어	대학생을 위한 활용 독일어 I (3개)
4주완성 독학 스페인어 첫걸음	성경으로 배우는 독일어
영어대조 스페인어 회화 (개정판)	대학생을 위한 활용 독일어 II (3개)
노래로 배우는 스페인어 (1개)	4주완성 독학 러시아어 첫걸음
실용 서반어 회화	한국인을 위한 러시아어 첫걸음
교양 스페인어	여행필수 러시아어 회화
지구촌 이태리어 첫걸음	영어대조 러시아어 회화
여행필수 이탈리어 회화	표준 러시아어
영어대조 이탈리어 회화 (개정판)	표준 러시아어 회화
노래로 배우는 이탈리아어 (2개)	최신 러시아어 문법
쉽게 배우는 이탈리아어 1	러시아어 펜맨십 강좌
지구촌 독일어 첫걸음	노브이 러시아어

노래로 배우는 러시아어	독일인을 위한 한국어 회화
실용 아랍어 회화	브라질,포르투갈인을 위한 한국어 회화
여행필수 베트남어 회화	중국인을 위한 한국어 회화
여행필수 태국어 회화	한국어 4주간
여행필수 말레이 · 인도네시아어 회화	실용 한국어 회화 활용 한국어 회화
여행필수 포르투갈어 회화	한국어 왕래
여행필수 네덜란드어 회화	한러사전
여행필수 터키어 회화	러한사전
여행필수 이란어 회화	러한 한러 합본사전
여행필수 브라질 · 포르투갈어 회화	학습 노한 사전
여행필수 폴란드어 회화	노노대사전
여행필수 크로아티아어 회화	약어로 익히는 러시아어 사전
여행필수 루마니아어 회화	한이 사전
여행필수 스웨덴어 회화	독한 입문 사전
6개국어 회화	한자 요결 사전
4개국어 회화	서한사전
영어대조 태국어 회화	한 · 인니 사전
쉽게 배우는 브라질 · 포르투갈어	영어회화 고민 이제 끝냅시다! I 3개
시사 이란어	영어회화 고민 이제 끝냅시다! II 2개
기초 네덜란드어	한국인을 위한 러시아어 첫걸음 4개
알기 쉬운 이란어 쓰기	러시아인을 위한 한국어 회화 2개
Speaking Korean (46판)	영어대조 프랑스어 회화 3개
Speaking Korean (포켓판)	영어대조 독일어 회화 3개
스페인을 위한 한국어 회화	영어대조 태국어 회화 3개
러시아인을 위한 한국어 회화	여행필수 베트남어 회화 3개
프랑스인을 위한 한국어 회화	여행필수 인도네시아어 회화 2개

- 여행필수 태국어 회화 2개
- 영어대조 스페인어 회화 3개
- 성경으로 배우는 독일어 3개
- 계몽사조에서 마르크스 주의까지
- 중국 그리고 실크로드
- 블라지미르 지리노프스끼 그는 누구인가?
- 러시아를 알려면 지리노프스끼를 보라
- 러시아 정치 사상사
- 번역의 기초 이론